Il Mistero delle Anime Gemelle

Alina Rubi

Pubblicato in modo indipendente

Tutti i diritti riservati © 2025

Astrologa: Alina Rubí

A cura di: Angeline Rubí

rubiediciones29@gmail.com

Nessuna parte di questo libro può essere riprodotta o trasmessa in qualsiasi forma o con qualsiasi mezzo elettronico o meccanico. Comprese fotocopie, registrazioni o qualsiasi altro sistema di archiviazione e recupero di informazioni, senza la previa autorizzazione scritta dell'autore.

Introduzione 7

Pansi: una ricerca e un po' di realismo! 9

Vibra. Alto: la guida definitiva per essere una calamita per la positività 12

L'energia dell'amore: come attrarre la tua anima gemella . 14

L'anima: un manuale di istruzioni o un viaggio interstellare? 16

La Confraternita delle Anime Ancestrali 20

Karma Sutra: la guida definitiva alle relazioni karmiche (e come sopravvivere ad esse) 22

Karmica e relazioni: un tango senza fine 27

La famiglia: la nostra prima scuola di karma 29

Fusione dell'Anima: il potere trasformativo della sessualità 31

Anime gemelle: oltre il karma e il dramma 34

Anime gemelle: mito o realtà? Svelare il mistero 36

Amanti, amici, insegnanti: i diversi volti dell'anima gemella 39

I requisiti per gli appuntamenti: condizioni per entrare in contatto con la tua anima gemella 40

Il mosaico dell'anima: pezzi diversi, un dipinto 41

Il lato oscuro delle anime gemelle: le ferite che ci uniscono. 45

Il cuore della questione: i nostri chakra e le anime gemelle. 50

Dal dolore all'amore: aprire il cuore a nuove possibilità 52

Anime gemelle o semplici amici con benefici cosmici? Sveliamo il mistero. 54

Sono mezzo arancione? Svelare il mistero dell'anima gemella. 56

Il fascino delle anime gemelle: oltre i sogni 58

Anima amica: riconoscere le connessioni con le vite passate 60

    Anime gemelle: un amore divino 62

    Anime amichevoli: un legame sacro 62

    Come differenziarli? 63

    Il ruolo delle anime amiche nella nostra vita 63

    Superare la perdita di un'anima amica 64

Anime gemelle e matrimoni karmici: un gioco di energie ... 65

    Anime gemelle: armonia nella diversità 65

Compagni d'Anima Karmica: La Danza della Redenzione . 66

Anime compagne di Dhármicas: Il Valzer dell'Evoluzione .. 66

    Come distinguerli? 67

Il ruolo dei figli nei matrimoni karmici 68

    Oltre le etichette 68

Il Soul Clan: Famiglie e Connessioni Spirituali 70

    Il Soul Clan: un contratto spirituale 70

    Incarnazioni di gruppo: un piano divino 70

    Attiriamo ciò che vibriamo 71

    Imparare attraverso le relazioni 71

    Perché alcune relazioni sono così impegnative? 71

Legami d'Anima: Esplorare la Connessione Spirituale 73

Fiamme gemelle contro anime gemelle: un viaggio attraverso l'anima 76

    Anime gemelle: i compagni di viaggio 76

Fiamme Gemelle: La Fusione di Due Anime 76

    Principali differenze 77

    Come distinguerli? 78

L'amore: un gioco di seduzione cosmica e le leggi invisibili che lo governano 79

L'amore nella formula: come attrarre la tua dolce metà 82

Invocazione della mia altra metà 83

    Sommario 84

Anime gemelle: Amore a prima vista... e per sempre! 86

    Un amore che va oltre 86

Prima di poter trovare la tua anima gemella, devi trovare te stesso! 87

    Pensi di aver trovato la tua anima gemella? Dai un'occhiata a questo elenco! 87

    E cosa succede prima di trovare la tua anima gemella? .. 88

Pensi di aver trovato la tua anima gemella? 89

Karma: Seminare e Mietere Cosmico! 90

L'amore al tempo del karma 93

Livelli di connessione dell'anima gemella 96

Hai trovato la tua anima gemella! Quanto sei sicuro? 99

Una guida alle relazioni d'anima 102

Connessioni dell'anima: oltre l'amicizia 105
    Come riconoscere un'anima gemella? 106
Le Fiamme Sorelle: un esclusivo club dell'anima 107
    Come fai a sapere se hai trovato una sorella lama? 108
Love Has No Gender: le fiamme gemelle e le loro varie configurazioni 109
Il grande scopo delle fiamme gemelle 110
    Come fai a sapere se è reale? 111
Il filo invisibile che unisce le anime gemelle 114
Seminare l'amore: la famiglia delle fiamme gemelle 116
Oltre il corpo: il viaggio astrale delle anime gemelle 120

Introduzione

Hai mai sentito quella connessione istantanea con qualcuno, come se avessi incontrato quella persona in un'altra vita? Quella sensazione di Déjá Vú che ti fa chiedere se c'è qualcosa oltre il caso.

Ebbene, l'idea delle anime gemelle ha affascinato l'umanità da tempo immemorabile. Ma cosa c'è di vero in tutto questo?

In questo libro, esploreremo il concetto di anime gemelle da una prospettiva spirituale e psicologica, svelando i misteri che circondano queste connessioni molto speciali.

Nel corso della storia, le anime gemelle sono state ritratte come l'altra metà del nostro essere, il pezzo mancante del nostro puzzle emotivo. Tuttavia, questa idea romantica è spesso offuscata da aspettative irrealistiche.

La verità è che le relazioni con la nostra anima gemella non sono sempre un letto di rose. Come in ogni relazione, possiamo vivere momenti di gioia e dolore, di crescita e di stagnazione.

In questo libro, ti invitiamo a intraprendere un viaggio alla scoperta di te stesso, in cui esploreremo le diverse sfaccettature delle relazioni con le nostre anime gemelle. Vedremo come queste connessioni possono aiutarci a guarire le ferite del passato, espandere la nostra coscienza e raggiungere un livello più elevato di spiritualità. Ma parleremo anche delle sfide che possono sorgere in queste relazioni, come la codipendenza, la gelosia e l'idealizzazione.

Attraverso questo libro, scoprirai che le anime gemelle non sono solo un concetto romantico, ma un'esperienza trasformativa che può cambiare completamente la tua vita.

Fornirò strumenti pratici per identificare la tua anima gemella, rafforzare il tuo legame con lei e superare gli ostacoli che potrebbero sorgere lungo il percorso. E farò tutto questo con un tocco di umorismo, perché credo che la spiritualità non debba essere noiosa.

Quindi, se sei pronto per intraprendere questa avventura e scoprire i misteri delle anime gemelle, ti invito a continuare a leggere.

Insieme, esploreremo le profondità delle nostre connessioni più profonde e impareremo come vivere una vita più piena e significativa.

Pansi: una ricerca e un po' di realismo!

Chi non ha mai sognato di ritrovare la propria dolce metà, quella persona che completa il nostro puzzle emotivo? L'idea del partner perfetto è come un miraggio nel deserto: ci attira con la sua promessa di felicità eterna, ma spesso scompare al primo segno di conflitto. Stiamo guardando i posti sbagliati o la perfezione è semplicemente un concetto troppo impegnativo?

La verità è che tutti noi portiamo dentro di noi la speranza di trovare un amore che duri nel tempo, che ci faccia sentire completi e realizzati. Tuttavia, spesso ci lasciamo trasportare da aspettative irrealistiche, idealizzando il nostro partner e credendo che debba risolvere tutti i nostri problemi. Nessuno è perfetto, nemmeno quella persona che pensi sia l'unica.

La buona notizia è che il partner perfetto non è una persona, ma un'esperienza. È un cammino che facciamo insieme a qualcuno che ci accompagna nella nostra crescita personale e spirituale. E soprattutto: è un viaggio che richiede sforzo e impegno da parte di entrambi.

Nel corso della nostra vita, stabiliamo modelli di comportamento e convinzioni che influenzano le nostre relazioni. A volte questi schemi ci sabotano e ci impediscono di connetterci autenticamente con gli altri.

Ad esempio, quante volte sabotiamo una relazione promettente per paura dell'abbandono o dell'intimità?

La chiave per trovare l'amore duraturo sta nell'imparare ad amare noi stessi. Quando accettiamo noi stessi con i nostri punti di forza e di debolezza, siamo in una posizione migliore per costruire relazioni sane e significative. Inoltre, dobbiamo essere disposti a lavorare su noi stessi e crescere come persone.

Il partner perfetto non è qualcuno che viene a salvarci, ma qualcuno con cui possiamo condividere le nostre gioie e i nostri dolori, i nostri successi e i nostri fallimenti. È una persona che ci ispira ad essere la versione migliore di noi stessi e che ci sostiene nei nostri sogni.

Naturalmente, trovare una persona speciale richiede tempo e pazienza. Non vediamo l'ora che l'amore cada dal cielo come un fulmine. Dobbiamo andare nel mondo, incontrare nuove persone ed essere aperti a nuove esperienze. E soprattutto, dobbiamo essere autentici e onesti con noi stessi e con gli altri.

Insomma, la ricerca del partner perfetto è un viaggio pieno di alti e bassi. Ci saranno momenti di felicità ed euforia, ma ci saranno anche momenti di dolore e delusione. L'importante è non arrendersi mai e continuare a cercare, sapendo che il vero amore è là fuori ad aspettarci.

E ricorda, l'abbinamento perfetto non è un trofeo da guadagnare, ma un legame profondo e significativo che deve essere coltivato e curato giorno dopo giorno. Quindi, se sei abbastanza fortunato da trovare qualcuno di speciale, non perdertelo!

Vibra. Alto: la guida definitiva per essere una calamita per la positività

Ti sei mai chiesto perché a volte ti senti una calamita per i guai e altre volte tutto sembra scorrere a tuo favore? La risposta potrebbe risiedere in qualcosa di più sottile di quanto si possa pensare: la frequenza vibrazionale. Sì, proprio come le radio si sintonizzano su una frequenza specifica per captare una stazione, anche noi vibriamo a una frequenza specifica che attrae esperienze simili nella nostra vita. E soprattutto, possiamo cambiare quella frequenza!

Immagina la tua vita come una grande calamita. Se vibri con una frequenza di paura e negatività, attirerai più situazioni che confermano questi pensieri. Ma se, d'altra parte, vibri con una frequenza di amore, gioia e abbondanza, la vita ti sorriderà a sua volta! È come se l'universo fosse un grande buffet e tu stessi scegliendo il piatto che ti piace di più.

Sembra troppo bello per essere vero? Beh, non lo è! La scienza ha dimostrato che le nostre emozioni e i nostri pensieri hanno un impatto diretto sulla nostra realtà. Quando vibriamo ad alta frequenza, le nostre cellule si allineano e attraggono esperienze positive. È come se fossimo sintonizzati su una stazione radio che trasmette solo buone notizie.

Ma come possiamo aumentare la nostra vibrazione? È più facile di quanto pensi! Piccoli cambiamenti nel modo in cui pensiamo e sentiamo possono fare una grande differenza. Ad esempio, praticare la gratitudine, meditare, trascorrere del tempo nella natura e circondarsi di persone positive sono tutti ottimi modi per aumentare la nostra frequenza vibrazionale.

Ora, cosa succede se ti trovi in una routine emotiva? Non preoccupatevi, ci siamo passati tutti! La chiave è riconoscere queste emozioni negative e trasformarle in positive. Immagina che le tue emozioni siano come un termometro che ti dice il tuo stato vibrazionale. Se ti senti triste o arrabbiato, è un segno che devi apportare alcune modifiche.

Dimentica le leggi dell'attrazione che promettono risultati immediati e magici. La realtà è che creare la vita dei tuoi sogni richiede sforzo e perseveranza. Ma vi assicuro che i risultati ne varranno la pena.

Immagina di svegliarti ogni mattina con il sorriso sulle labbra, sentendoti pieno di energia e gioia di vivere. Immagina di essere circondato da persone che ti amano e ti sostengono. Immagina di vivere la vita dei tuoi sogni. Suona bene, vero? Bene, tutto questo è possibile!

L'energia dell'amore: come attrarre la tua anima gemella

Perché si incrociano sempre persone dello stesso tipo? Perché sembra che alcuni dei tuoi amici abbiano una vita sentimentale da film mentre si stiano ancora cercando la tua "dolce metà"? La risposta potrebbe trovarsi al di là di ciò che pensate, in un luogo dove l'amore è pura energia: il vostro astrale.

Sì, proprio come c'è un universo parallelo in cui i gatti sono liquidi, c'è anche un piano astrale in cui creiamo le nostre relazioni prima che si manifestino nella realtà.

Immagina il tuo astrale come un giardino. Ogni pensiero che vi semini cresce e fiorisce attirando certe specie di farfalle. Se semina dubbio e paura, attirerà le farfalle scure. Ma se semini semi di amore e fiducia, attirerai farfalle dai colori vivaci. È così che funziona con le persone della tua vita: i tuoi pensieri creano la realtà che sperimenti.

Se ti lamenti sempre che gli uomini/le donne sono infedeli, è molto probabile che il tuo astrale sia pieno di immagini e credenze sull'infedeltà. E indovinate un po', l'universo, con la sua infinita saggezza, vi porterà più o meno la stessa cosa. È come esprimere un desiderio ed esaudirlo alla lettera!

Non preoccuparti, il tuo astrale non è un programma immutabile. Proprio come puoi riprogrammare una app, puoi riprogrammare la tua mente subconscia. Modificando le tue convinzioni limitanti e lavorando sulla tua autostima, aggiornerai il tuo software interno, attirando esperienze e persone che riflettono questa nuova programmazione.

Immagina di essere una calamita. Se sei un magnete negativo, attirerai le cose negative. Ma se sei una calamita positiva, attirerai cose positive. Lo stesso vale per l'amore. Se vibri con una frequenza di amore, gioia e abbondanza, attirerai le persone che ti faranno sentire in quel modo.

 Come si diventa calamite d'amore? È più facile di quanto pensi! Inizia identificando le tue convinzioni limitanti sull'amore. Pensi di non essere abbastanza bravo? Che il vero amore non esiste? Queste convinzioni bloccano la tua energia e ti impediscono di attrarre la persona giusta.

Una volta identificate le tue convinzioni limitanti, lavora per trasformarle in affermazioni positive. Ad esempio, invece di dire: "Non troverò mai qualcuno che mi ami", dì: "Sono amato e merito una relazione felice e sana".

Un altro modo per aumentare la tua vibrazione è praticare la gratitudine. Sii grato per tutte le cose buone che hai nella tua vita, non importa quanto piccole. La gratitudine è come una calamita che attrae più cose per cui essere grati.

E, ultimo ma non meno importante, prenditi cura di te stesso! Mangia bene, fai esercizio fisico, dormi a sufficienza e trova il tempo per i tuoi hobby. Quando ti senti bene con te stesso, irradi un'energia positiva che attrae le persone giuste.

Ricorda, creare relazioni appaganti è un viaggio, non una destinazione. Quindi sii paziente, divertiti e goditi il processo. E non dimenticare di sorridere! Un sorriso è il modo migliore per attirare una persona speciale.

L'anima: un manuale di istruzioni o un viaggio interstellare?

Vi siete mai chiesti cosa c'è oltre la morte, o perché sentiamo una connessione così profonda con certe persone? La risposta potrebbe risiedere in qualcosa che ci accompagna dall'inizio dei tempi: l'anima.

Immaginate la vostra anima come un piccolo universo personale, pieno di stelle, pianeti e galassie di esperienze. È come un disco rigido cosmico che memorizza tutte le tue vite passate, presenti e future.

C'è chi dice che l'anima è come un software che dà vita all'hardware del nostro corpo. Altri lo paragonano a una fiamma eterna che non si spegne mai. E altri la vedono come una viaggiatrice intergalattica che esplora diverse dimensioni.

La verità è che, qualunque cosa sia, l'anima è un mistero affascinante che intriga l'umanità per sempre.

Quando parliamo dell'anima, stiamo parlando di qualcosa di molto più grande di noi stessi. È la parte di noi che ci connette a tutto ciò che esiste, dal più piccolo granello di polvere alle stelle più lontane. È la scintilla divina che ci rende unici e speciali.

E cosa succede quando lasciamo questo piano terrestre? Ebbene, secondo alcune credenze, la nostra anima si sposta semplicemente in un'altra dimensione. È come cambiare casa, ma invece di trasferirci in un nuovo appartamento, ci trasferiamo in un nuovo universo. E soprattutto, possiamo scegliere dove andare e cosa fare.

Alcuni dicono che l'anima ha bisogno di riposare dopo un'intensa vita sulla Terra. Altri credono che l'anima continui ad apprendere ed evolversi in altre dimensioni. Quel che è certo è che l'anima è immortale e che le nostre esperienze sulla Terra sono solo una piccola parte del nostro eterno viaggio.

La prossima volta che vi sentirete sopraffatti dai problemi della vita, ricordate che siete molto più di un semplice corpo fisico. Tu sei un essere spirituale con un'anima infinita. E quest'anima, amico mio, ha un piano molto più grande per te.

Immagina la tua anima come un vecchio saggio che ha vissuto mille vite. Ha visto le civiltà sorgere e cadere, è stato amato e perduto, e ha imparato lezioni che non puoi nemmeno immaginare.

Alla nascita, la tua anima porta con sé uno zaino pieno di esperienze, saggezza e un po' di karma (sì, quel karma che ti perseguita da una vita all'altra!). È come se stessi iniziando un nuovo videogioco, ma con tutti i livelli precedenti sbloccati.

Certo, avere un'anima con tanta esperienza non significa che la vita sia una passeggiata. Al contrario, a volte ci troviamo di fronte a sfide che sembrano essere state prese da un film dell'orrore. Ma non preoccuparti, la tua anima è sempre lì a guidarti, come un co-pilota celeste. Anche se a volte sembra che stia dormendo o sia distratta, in realtà sta lavorando dietro le quinte per aiutarti a crescere ed evolverti.

Hai mai sentito quella strana connessione con qualcuno che hai appena incontrato? Quella sensazione di conoscersi già da prima. Beh, questo può essere dovuto al fatto che le loro anime si conoscono da molto tempo. In effetti, molti credono che le anime viaggino in gruppo, come una sorta di club di amici cosmici.

Quindi, quando incontri qualcuno che ti fa sentire a casa, potrebbe essere perché avete condiviso molte vite insieme.

E Dio? Beh, se credi in un potere superiore, probabilmente anche la tua anima ha una connessione con quella forza. Immaginate la vostra anima come uno studente di una grande università cosmica. Ha un tutor personale (il suo spirito guida) che la aiuta a imparare e crescere, e ha anche accesso a una biblioteca infinita di conoscenze.

La prossima volta che ti sentirai perso o sopraffatto, ricorda che hai un tesoro nascosto dentro di te: la tua anima. È la tua guida, il tuo consigliere e il tuo migliore amico. E anche se a volte può sembrare che tu sia solo, avrai sempre la tua anima al tuo fianco, incoraggiandoti ad andare avanti.

La Confraternita delle Anime Ancestrali

Immaginate il mondo degli spiriti come una sorta di università cosmica, dove le anime più esperte sono i maestri e le guide spirituali. Queste anime "anziane", come potremmo chiamarle affettuosamente, hanno visto così tante vite che sono state in grado di scrivere un libro su ognuna di esse. Hanno provato di tutto, dai faraoni alle rock star, e ora stanno dedicando il loro tempo ad aiutare le anime più giovani a trovare la loro strada.

Quando un'anima ha raggiunto un livello sufficiente di saggezza, si diploma alla scuola della reincarnazione e si unisce a questo club esclusivo. È come passare da studente a insegnante. E credetemi, c'è una lista d'attesa per entrare in questo club! Sono ammesse solo le anime più devote e più votate.

Qual è lo scopo di tutto questo viaggio spirituale? Beh, se ve lo state chiedendo, la risposta è semplice: la perfezione! Sì, come sembra. Tutte le anime aspirano a uno stato di illuminazione e di unità con l'universo.

È come scalare una montagna sempre più alta, con l'obiettivo finale di arrivare in cima e godere di una vista panoramica.

Ma non preoccupatevi, il viaggio non è così noioso come sembra. Al contrario, è un'avventura piena di sorprese e sfide. Immagina che ogni vita sia come un nuovo livello in un videogioco, con diverse missioni e ostacoli da superare. E alla fine di ogni vita, guadagni punti esperienza che ti avvicinano di un passo alla perfezione.

Ogni sfida che affronti è un'opportunità per crescere ed evolverti. E anche se a volte il percorso può essere difficile, ricorda che i tuoi spiriti guida sono con te in ogni fase del percorso. Ti aiuteranno a superare le tue paure, a trovare il tuo scopo e a raggiungere il tuo pieno potenziale.

Karma Sutra: la guida definitiva alle relazioni karmiche (e come sopravvivere ad esse)

Hai mai avuto una di quelle relazioni che ti fanno sentire come se avessi vissuto mille vite in una? Quelle relazioni che ti fanno mettere in discussione tutto ciò che pensavi di sapere sull'amore. Beh, probabilmente hai sperimentato una relazione karmica.

Karma, quella parola che suona così misteriosa e orientale, in realtà si riferisce alle lezioni che la nostra anima ha bisogno di imparare. E a volte, queste lezioni arrivano mascherate da relazioni complicate e dolorose.

Immaginate il karma come un esame finale che dovete superare prima di poter passare al livello successivo di coscienza. E le relazioni karmiche sono gli esercizi della pratica.

Le relazioni karmiche sono spesso come una partita a scacchi emotiva. Una mossa falsa e ti ritrovi in scacco matto. Queste relazioni sono piene di alti e bassi, passioni intense e disaccordi dolorosi. Ma perché entriamo in queste relazioni complicate? Perché a volte abbiamo bisogno di provare dolore per apprezzare la felicità.

In una relazione karmica, ogni partner è come uno specchio che riflette gli aspetti più oscuri dell'altro. È come se stessi vedendo la tua faccia in una casa di specchi, ma in una versione gigante e distorta. E anche se può essere doloroso affrontare i propri demoni, è necessario guarire e crescere.

In queste relazioni ci sono momenti di euforia e felicità, ma ci sono anche momenti di tristezza e disperazione. Tuttavia, è importante ricordare che tutto questo fa parte del processo. Alla fine del percorso, avrai imparato lezioni preziose su te stesso e sull'amore.

Quindi, se ti trovi in una relazione karmica, non disperare. Ricordate che siete in un processo di trasformazione. E anche se il percorso può essere difficile, alla fine del tunnel c'è sempre una luce. E quella luce è l'amore incondizionato che esiste dentro di voi.

Le relazioni karmiche sono come un'opportunità di crescita travestita da dramma. Mentre affrontiamo le sfide di queste relazioni, stiamo imparando lezioni preziose su noi stessi. È come andare in palestra emotiva, dove rafforziamo i nostri muscoli interni e ci prepariamo per relazioni più sane e felici. Quindi, la prossima volta che vi trovate in una relazione karmica, sorridete! Sei un passo più vicino a trovare il vero amore!

Quando costruiamo relazioni dalla mancanza, costruiamo castelli di carte su fondamenta di sabbia. Crediamo che qualcun altro possa colmare l'abisso dentro di noi, ma l'amore non è una toppa a una ferita aperta.

Proiettando i nostri bisogni insoddisfatti su un altro, lo trasformiamo in un oggetto, invece di vederlo come un'anima uguale alla nostra. È come cercare di riempire un bicchiere senza fondo: non importa quanto versiamo acqua, avremo sempre sete.

Quando ci aggrappiamo agli altri come se fossero ancora di salvezza, affoghiamo in un mare di aspettative. Ogni "sì" che riceviamo dal nostro partner è come un sorso di acqua salata che ci disseta momentaneamente ma ci lascia con un sapore amaro. Cercando di colmare il nostro vuoto nell'altro, creiamo una dinamica di dipendenza reciproca che ci impedisce di crescere ed evolverci. È come cercare di riempire un bicchiere rotto con un altro bicchiere rotto: nessuno dei due sarà mai riempito.

Il vero amore non è trovare qualcuno che completi le nostre metà, ma unire due metà complete. Quando ci amiamo, attiriamo relazioni sane basate sul rispetto reciproco. Cercando la felicità in un'altra persona, neghiamo la nostra capacità di crearla.

Rompere con gli schemi ereditati è come rinascere. È un atto di coraggio che ci permette di liberarci dalle limitazioni imposte dalla società e dalla famiglia.

Mettendo in discussione le nostre convinzioni e sfidando lo status quo, stiamo aprendo la porta a un mondo di infinite possibilità. È come cambiare gli occhiali con cui vediamo il mondo, permettendoci di percepire la realtà con una chiarezza e una profondità che prima non conoscevamo.

Così facendo, diventiamo gli artefici della nostra vita, capaci di progettare un futuro pieno di significato e di scopo.

Hai mai avuto la sensazione di vedere il tuo riflesso in qualcun altro? È come se avessi davanti a te uno specchio gigante, che mostra tutte le tue imperfezioni e le tue qualità più profonde. Bene, questo è ciò che accade nelle relazioni karmiche. Sono come quelle persone che ci cacciano fuori dalle nostre scatole, che ci fanno reagire in modo eccessivo e che ci costringono a confrontarci con le nostre paure più profonde.

Immagina di essere sulle montagne russe emotive. Vai costantemente su e giù, provando ogni tipo di emozione intensa. A volte ci si sente in cima al mondo, altre volte si è in fondo a un pozzo senza fondo. E proprio quando pensi di aver toccato il fondo, Bam! Trovi un'altra sorpresa.

Le relazioni karmiche sono come quelle montagne russe emotive. Sono intensi, passionali e spesso caotici. Ma sono anche un'incredibile opportunità per crescere ed evolversi. Affrontando i nostri demoni, possiamo liberarcene e creare relazioni più sane e appaganti.

Quindi, la prossima volta che ti trovi in una relazione che ti mette alla prova, non scoraggiarti. Potresti essere nel bel mezzo di una profonda trasformazione. E ricorda, proprio come un diamante si forma sotto pressione, le relazioni più forti sono quelle che hanno superato le sfide più grandi.

Il karma, la nostra guida un po' misteriosa, ci porta lungo percorsi inaspettati in modo che possiamo imparare e crescere. È come se l'universo fosse un grande insegnante, progettando classi personalizzate per ognuno di noi. Ogni incontro, ogni addio, è un'occasione per svelare i misteri del nostro essere e scoprire cosa ci rende veramente felici.

Karmica e relazioni: un tango senza fine

Hai mai sentito una connessione istantanea con qualcuno, come se lo conoscessi da tutta la vita? Questo sentimento di Déjá Vú potrebbe essere più di una semplice coincidenza. La credenza nel karma suggerisce che le nostre relazioni attuali sono spesso il risultato di connessioni fatte in vite passate. È come se stessimo ballando un tango cosmico con le stesse anime, più e più volte, imparando ed evolvendo ad ogni passo.

Immaginiamo che le nostre vite siano come una partita a scacchi multidimensionale, dove ogni mossa che facciamo ha conseguenze sulla scacchiera cosmica.

I pezzi che scegliamo di spostare, cioè le persone con cui ci relazioniamo, non sono casuali. Sono il risultato di scelte fatte in vite precedenti, dove forse eravamo re e regine, pedoni o torri. Queste connessioni karmiche possono essere l'amore, l'odio, l'amicizia o qualsiasi altra emozione intensa.

Proprio come in un gioco di ruolo, in ogni nuova vita assumiamo un ruolo diverso. Se in una vita passata siamo stati acerrimi nemici, in questa possiamo essere i migliori amici, con l'opportunità di guarire vecchie ferite e costruire un legame più forte. Ma cosa succederebbe se in una vita precedente dovessimo qualcosa a qualcuno? Il karma ci presenterà situazioni in cui possiamo ripagare questo debito, sia attraverso il perdono, la gratitudine o il servizio.

Tuttavia, è importante ricordare che il karma non è un destino inamovibile. Abbiamo il libero arbitrio di scegliere come rispondere alle situazioni che ci si presentano. Possiamo scegliere di perdonare, lasciar andare o aggrapparci al passato.

Le nostre azioni attuali creano il nostro karma futuro, quindi ogni scelta che facciamo conta.

È come se il karma fosse un copione, ma noi siamo gli attori. Possiamo seguire il copione alla lettera o improvvisare e creare la nostra storia. La chiave è essere consapevoli degli schemi che si ripetono nelle nostre relazioni e usare quella consapevolezza per crescere ed evolversi.

Le nostre relazioni sono molto più profonde di quanto sembrino a prima vista. Sono intrecciati con il nostro passato, presente e futuro. Comprendendo il ruolo del karma nella nostra vita, possiamo ottenere una prospettiva più chiara sulle nostre connessioni con gli altri e prendere decisioni più consapevoli nelle nostre relazioni.

La famiglia: la nostra prima scuola di karma

Immagina la tua famiglia come un'aula e i tuoi familiari come compagni di classe. Ognuno di noi arriva a questa "scuola di famiglia" con un compito specifico: imparare lezioni karmiche che ci aiutino a crescere ed evolvere. A volte queste lezioni sono ovvie come un segno luminoso, e altre volte sono così ben nascoste che abbiamo bisogno di una lente d'ingrandimento per trovarle.

Ad esempio, in una famiglia può esserci un modello ricorrente di comunicazione aggressiva. Un genitore può urlarsi costantemente addosso, mentre un bambino risponde con sarcasmo. Un altro membro della famiglia potrebbe evitare qualsiasi tipo di conflitto a tutti i costi. In questo caso, la lezione centrale potrebbe essere l'importanza di una comunicazione assertiva e rispettosa.

O forse, la famiglia ha a che fare con un problema di fiducia, in cui ogni membro dubita delle intenzioni dell'altro. In questo caso, la lezione potrebbe essere l'importanza dell'onestà e della trasparenza.

È come se l'universo ci mettesse in una squadra con persone che hanno lezioni che completano le nostre. Interagendo con loro, abbiamo l'opportunità di vedere i nostri modelli di comportamento riflessi negli altri. Se ti senti sempre il "cattivo", potresti proiettare le tue insicurezze sugli altri. Oppure, se ti senti sempre la vittima, potrebbe essere che stai attirando persone che confermeranno quel ruolo.

Ora, questo non significa che dobbiamo incolpare la nostra famiglia per tutti i nostri problemi. Al contrario, la famiglia è un dono che ci permette di crescere e imparare. Riconoscendo i modelli karmici nelle nostre relazioni familiari, possiamo diventare consapevoli delle nostre ferite e lavorare per guarirle.

Soprattutto, queste lezioni non si limitano alla famiglia. Si applicano anche alle nostre relazioni di lavoro, amicizie e relazioni romantiche. Prestando attenzione agli schemi che si ripetono nella nostra vita, possiamo identificare le aree in cui dobbiamo crescere e sviluppare nuove competenze.

La famiglia è la nostra prima scuola di karma. Comprendendo le lezioni che ci insegna, possiamo liberarci dagli schemi del passato e creare un futuro più felice e più sano. Quindi, la prossima volta che ti ritrovi a litigare con un membro della famiglia, ricorda che questa può essere un'opportunità per imparare qualcosa di nuovo su te stesso.

Fusione dell'Anima: il potere trasformativo della sessualità

Il tuo corpo è come un universo in miniatura, pieno di pianeti, stelle e buchi neri. E la loro sessualità, come la forza che li unisce tutti. È come un grande reattore nucleare, in grado di generare energia in grado di illuminare tutto il tuo essere. Sì, ecco quanto è potente la sessualità.

Quando due persone si uniscono nell'atto sessuale, stanno creando una piccola supernova. Un'esplosione di energia che va ben oltre il semplice piacere fisico.

È come collegare due batterie, creando una corrente elettrica che attraversa tutto il corpo. E proprio come l'elettricità, questa energia può essere utilizzata per creare, guarire ed evolversi.

Ma attenzione, qui non stiamo parlando di una semplice spina. La sessualità è molto più di questo. È una danza cosmica tra due corpi, una sinfonia di sensi che va ben oltre il fisico. È un'esperienza che coinvolge il corpo, la mente e lo spirito.

Quando la sessualità è vissuta consapevolmente e pienamente, può essere un potente strumento di crescita personale e spirituale. Ci permette di connetterci con la nostra natura più profonda, esplorare nuove dimensioni della nostra coscienza e sperimentare un livello di intimità che va oltre l'immaginazione.

Tuttavia, come ogni forza potente, anche la sessualità può essere distruttiva se non trattata con attenzione. Proprio come l'energia nucleare può essere usata per creare o distruggere, la sessualità può essere fonte di grande gioia o di grande dolore.

In breve, la sessualità è un dono che dobbiamo curare e coltivare. È una forza creativa che può trasformare le nostre vite e le nostre relazioni.

La prossima volta che ti trovi a letto con una persona speciale, ricorda che stai partecipando a un atto cosmico, una danza universale che ha il potere di cambiare il mondo.

L'energia sessuale è la scintilla divina che accende la fiamma della vita. Connettendoci con questa energia, stiamo attivando i nostri centri di potere e creando una connessione più profonda con noi stessi e con l'universo. È come una scala che ci conduce dalla materia allo spirito, permettendoci di sperimentare l'unione degli opposti e la totalità dell'essere.

Reprimere o distorcere la nostra sessualità è come costruire un muro tra il nostro corpo e il nostro spirito. Negando una parte così fondamentale di noi stessi, creiamo una discordia interiore che impedisce la nostra crescita spirituale. È come cercare di toccare il cielo con i piedi, senza prima connettersi con la terra.

L'imposizione di norme rigide e moralistiche intorno alla sessualità ha creato un profondo scollamento tra corpo e spirito. Negando la nostra natura sessuale, permettiamo a forze esterne di manipolare e controllare le nostre vite. Tuttavia, la sessualità è una forza potente che può essere utilizzata per la trasformazione personale e spirituale.

Riconnettendoci con la nostra energia sessuale, stiamo rivendicando il nostro potere e aprendo la porta a una nuova era di consapevolezza e libertà.

La sessualità è un linguaggio sacro che ci connette all'universo e a noi stessi. È una danza cosmica che celebra l'unione degli opposti e la creazione della vita. Arrendendoci all'esperienza sessuale, stiamo aprendo un portale verso dimensioni superiori di coscienza, dove corpo, mente e spirito si fondono in un'unica unità.

È attraverso la sessualità che possiamo sperimentare la divinità nella sua forma più tangibile e celebrare la meraviglia dell'esistenza.

Anime gemelle: oltre il karma e il dramma

Avete mai avuto la sensazione che i vostri occhi si incrocino con quelli di qualcun altro e il tempo si fermi? Questo sguardo intenso e profondo è il segno di una connessione spirituale. È come se due anime si riconoscessero all'istante, ricordando una vita trascorsa insieme. Questa è la magia delle relazioni dharmisch.

Il karma è come un labirinto che dobbiamo attraversare. Ogni esperienza, ogni relazione, è un indizio che ci guida verso l'uscita. Risolvendo gli enigmi che la vita ci presenta, apriamo porte che ci portano a un livello superiore di coscienza, dove l'amore incondizionato diventa la nostra realtà.

Le relazioni dharmisch sono come la ricompensa per lo sforzo, la ricompensa per tutto il lavoro emotivo che hai fatto.

In una relazione dharmisch le differenze sono celebrate piuttosto che viste come un problema. È come avere una squadra di supereroi, ognuno con i propri poteri unici, che lavorano insieme per salvare il mondo. Invece di competere per i riflettori, si completano e si sostengono a vicenda.

Ricordi quelle relazioni in cui ti sentivi come se stessi camminando su gusci d'uovo? Nelle relazioni dharmisch tutto è molto più rilassato. C'è una profonda fiducia e un'accettazione incondizionata. È come essere a casa, ma in una versione molto più emozionante.

In una relazione dharmisch, i conflitti non sono visti come ostacoli, ma come opportunità per crescere insieme. Affrontando insieme i problemi, impariamo a comunicare in modo più efficace, a risolvere i conflitti in modo costruttivo e ad approfondire il nostro legame.

Trasformare una relazione karmica in una relazione dharmiche è un viaggio di guarigione e crescita. Guarendo le ferite del passato e perdonando noi stessi e gli altri, possiamo rilasciare il karma che ci lega a modelli di comportamento distruttivi.

Man mano che saliamo nella nostra evoluzione spirituale, attiriamo relazioni più armoniose e significative nella nostra vita. E anche se non tutte le relazioni karmiche si trasformano in relazioni dharmiche, ogni esperienza ci avvicina alla nostra anima gemella e alla profonda connessione che desideriamo.

Anime gemelle: mito o realtà? Svelare il mistero

Hai mai sentito un legame così intenso con qualcuno, come se lo conoscessi da tutta la vita? Quella sensazione che devono stare insieme, come due pezzi di un puzzle che si incastrano perfettamente. Bene, questo potrebbe essere l'inizio di una relazione con l'anima gemella.

Immagina le anime gemelle come due metà di un biscotto della fortuna. Ognuno porta una parte del messaggio e, insieme, formano una frase completa.

In alcune vite, queste metà sono separate, vagando per l'universo alla ricerca della loro altra metà. Ma in altri si incontrano e si uniscono, creando una connessione unica e indissolubile.

E non pensare che le anime gemelle si trovino solo nelle relazioni romantiche. Possono essere amici, familiari, colleghi di lavoro o persino maestri spirituali. La connessione può essere romantica, platonica o anche una combinazione di entrambi. L'importante è che tra loro ci sia un legame profondo e significativo.

Come facciamo a sapere se siamo di fronte alla nostra anima gemella? Beh, è come riconoscere un vecchio amico, anche se non ricordi il suo nome. C'è un senso di familiarità, di comfort, di tutto ciò che va al suo posto.

E soprattutto, le relazioni dell'anima gemella non riguardano solo l'amore romantico. Si tratta di crescita, apprendimento ed evoluzione congiunta. È come avere un compagno di viaggio che ti sfida, ti ispira e ti aiuta a essere la versione migliore di te stesso.

Nelle profondità del nostro essere, risiede il ricordo ancestrale della nostra unione con la nostra anima gemella. È come una melodia che portiamo incisa nella nostra anima e che risuona quando incontriamo quella persona speciale. È un riconoscimento immediato, la sensazione di essere tornati a casa.

L'idea delle anime gemelle può sembrare un concetto astratto difficile da afferrare alla nostra mente logica, abituata alla linearità del tempo e alla finitezza della vita. Tuttavia, se ci apriamo alla possibilità che le nostre anime siano esistite prima e che continuiamo ad esistere dopo questa vita, il concetto di anime gemelle ha senso.

Immagina le anime gemelle come due alberi che crescono sulle sponde opposte di un fiume. Anche se separate dall'acqua, le loro radici si intrecciano nelle profondità della terra. Quando i loro rami si incontrano, formano una volta che offre riparo e protezione.

Questa connessione profonda, che trascende le distanze fisiche, ci ricorda che siamo tutti connessi in un tutto più grande.

Le anime gemelle sono frammenti della stessa anima divina che si dividono per sperimentare la dualità e la crescita. Riunendosi in vite diverse, queste anime si ricordano reciprocamente la loro vera natura e si aiutano a vicenda a tornare all'unità.

Amanti, amici, insegnanti: i diversi volti dell'anima gemella

L'idea di un'unica anima gemella, come un pezzo di un puzzle che si incastra perfettamente con il nostro, è tanto romantica quanto limitante. È come cercare un calzino smarrito in un mare di calzini: pensi davvero che ce ne sia solo uno perfetto per te? L'universo è molto più creativo di così!

È più probabile che abbiamo un gruppo di anime che la pensano allo stesso modo, un vero harem cosmico, che ci accompagnano nel nostro viaggio attraverso diverse vite. Immagina di avere una cerchia ristretta di anime gemelle, ognuna delle quali contribuisce con un pezzo unico al puzzle della propria esistenza.

Un amico che ti fa ridere fino a farti male, un amante che ti ispira a crescere, un mentore che ti guida e un compagno di avventure che ti porta fuori dalla tua zona di comfort. Non sarebbe fantastico? Chiaro.

Soprattutto, questo gruppo può espandersi nel tempo, come una famiglia che cresce e si evolve. Dopotutto, chi ha detto che l'amore deve essere esclusivo? Il cuore umano è più grande di quanto immaginiamo!

I requisiti per gli appuntamenti: condizioni per entrare in contatto con la tua anima gemella

Affinché due anime gemelle si incontrino, devono vibrare alla stessa frequenza evolutiva. È come se due ballerini conoscessero la stessa coreografia e si muovessero allo stesso ritmo.

Entrambi devono essere disposti a imparare, crescere ed evolversi insieme. La relazione dell'anima gemella è una danza cosmica in cui ogni passo porta a una maggiore connessione e comprensione.

Immagina le anime gemelle come due gocce d'acqua che cadono dalla stessa nuvola. Sono simili, ma ognuno ha la propria impronta digitale.

Come le impronte digitali, le nostre anime gemelle sono uniche e speciali, ma condividono un'essenza comune. È come avere un migliore amico che sa esattamente cosa stai pensando, prima ancora che tu lo dica.

Ma attenzione! Non commettere errori, non sono un clone di te stesso. Sono il tuo complemento perfetto, dallo yin allo yang, e proprio come con ogni buona coppia, a volte ci vogliono due per fare un pasticcio.

Il mosaico dell'anima: pezzi diversi, un dipinto

Cercare la tua anima gemella è come cercare un tesoro nascosto. Può essere nel posto più inaspettato e può assumere qualsiasi forma. Potrebbe essere il tuo vicino, il tuo collega o anche quella persona che hai incontrato durante un viaggio e con cui ti sei connesso all'istante. L'importante è tenere gli occhi aperti e il cuore pronto a nuove esperienze.

Dimenticate le favole in cui il principe azzurro è sempre un uomo e la principessa è sempre una donna. Nel mondo reale, le anime gemelle sono di tutte le forme e dimensioni, generi e identità.

La tua anima gemella può essere la tua migliore amica d'infanzia, la tua compagna di avventure o persino il tuo mentore spirituale. E non stupitevi se si scopre che si tratta di un alieno travestito da umano.

Le anime gemelle sono come compagne di viaggio che ci accompagnano in diverse fasi della nostra vita. A volte ci aiutano a raggiungere i nostri obiettivi, altre volte ci sfidano a crescere e a volte ci mostrano la strada per tornare a noi stessi. È come avere una guida turistica personale che ti porta nei luoghi più incredibili del mondo, ma alla fine ti permette di esplorare da solo. E anche se può essere doloroso dire addio, porteremo sempre con noi i ricordi e le lezioni apprese.

Le anime gemelle, come fili dello stesso tessuto cosmico, sono intrecciate nei piani superiori della coscienza. I vostri incontri nel mondo fisico sono come momenti di sincronicità, in cui riconoscete immediatamente la familiarità della vostra anima. Questi incontri possono essere brevi, ma il loro impatto è duraturo, poiché rafforzano il legame tra le due anime. È come se, in ogni incontro, ricaricassero le batterie della loro connessione spirituale, preparandosi per il prossimo capitolo del loro viaggio insieme.

Le anime gemelle sono come due ballerini che imparano insieme una coreografia. All'inizio, i passaggi possono essere goffi e scoordinati e ci saranno momenti in cui si pesteranno i piedi a vicenda o cadranno. Ma man mano che si esercitano, diventano più sincronizzati e aggraziati. Tuttavia, arriva un momento in cui uno dei ballerini vuole imparare una nuova coreografia, mentre l'altro si sente più a suo agio con quella che già conosce. A questo punto, possono decidere di continuare a ballare insieme, ma in stili diversi, o prendere strade separate per esplorare nuovi modi di muoversi. E va bene così, perché la crescita personale è un percorso individuale, anche se a volte si fa in azienda.

Le relazioni con le anime gemelle non sono sempre un letto di rose, ed è questo che le rende così eccitanti e stimolanti. Come ogni relazione, le relazioni con l'anima gemella richiedono lavoro, impegno e, per respirare ed espandersi. E proprio come le piante, le relazioni possono fiorire nei luoghi più inaspettati.

Il lato oscuro delle anime gemelle: le ferite che ci uniscono

Anime gemelle, che concetto romantico! Ma avete mai pensato che anche gli angeli abbiano brutte giornate?

Sì, è vero. Le anime gemelle, nonostante la loro connessione divina, sono anche umane e, come tali, portano con sé tutto il loro bagaglio emotivo.

Immaginate due magneti che si attraggono fortemente ma hanno anche un po' di ruggine. L'attrazione c'è ancora, ma la connessione può essere influenzata da queste piccole imperfezioni.

Le ferite, le paure e le insicurezze del passato possono fungere da piccole barriere che ostacolano il legame tra le anime gemelle. È come cercare di collegare due fili con del nastro adesivo: potrebbe funzionare per un po', ma alla fine si allenterà. Tuttavia, è proprio in questi momenti difficili che la connessione diventa più profonda e significativa. Mentre affrontiamo insieme le nostre ombre, cresciamo ed evolviamo.

Spesso le anime gemelle si trovano nei posti meno attesi: nelle relazioni più dolorose e impegnative.

È come se l'universo ci presentasse la nostra altra metà nella sua forma più rara, in modo che possiamo guarire le nostre ferite più profonde. Il dolore che sperimentiamo in queste relazioni è come un crogiolo che purifica la nostra anima e ci prepara per un amore superiore.

Le anime gemelle si trovano spesso coinvolte in una danza di emozioni contrastanti. La rabbia, il risentimento e il senso di colpa possono offuscare la vista e rendere difficile riconoscere il profondo legame tra loro. È come se stessero guardando attraverso un vetro appannato, incapaci di vedere la bellezza dall'altra parte. Queste emozioni negative sono come veli che nascondono la verità, impedendoci di sperimentare l'amore incondizionato.

Quando ci troviamo in una relazione con la nostra anima gemella, siamo spesso tentati di voler cambiare l'altro per adattarlo alla nostra immagine ideale. Tuttavia, questo è come cercare di cambiare il corso di un fiume.

Cercando di controllare il nostro partner, neghiamo la sua individualità e creiamo una dinamica di potere che è controproducente. Invece di cercare di cambiare l'altro, dovremmo concentrarci sulla nostra crescita personale. Guarendo le nostre ferite e lasciando andare le nostre aspettative, creiamo uno spazio sicuro in cui l'amore possa fiorire.

Le aspettative, come la lente attraverso la quale guardiamo il mondo, spesso distorcono la nostra realtà.

Le nostre aspettative sono come mappe che portiamo con noi. Queste mappe ci guidano, ma a volte possono essere obsolete o imprecise. Quando la realtà non corrisponde alla nostra mappa, sperimentiamo confusione e disorientamento. Invece di aggrapparci a una mappa che non è più utile, dobbiamo essere disposti a esplorare nuovi territori e creare nuove mappe. Lasciando andare le nostre aspettative, apriamo i nostri cuori a nuove possibilità ed esperienze.

Spesso, quando le nostre aspettative non vengono soddisfatte, proviamo frustrazione, rabbia e risentimento. Tuttavia, accettando che la vita non si svolge sempre come ci aspettiamo, possiamo liberarci da queste emozioni negative e aprirci a nuove possibilità. È come cercare di incastrare un pezzo del puzzle nel posto sbagliato; Più forza applichiamo, più difficile sarà adattarsi. L'accettazione è la chiave che ci permette di trovare il pezzo giusto e completare il puzzle.

Immagina di cercare di insegnare a un gatto ad andare in bicicletta. Sì, sembra assurdo, vero? Beh, cercare di cambiare qualcuno è altrettanto assurdo. Se il tuo partner è un gatto, vorrà sempre arrampicarsi sugli alberi e inseguire le farfalle. Non importa quante volte lo vesti con un casco e compri una minimoto, alla fine sarà un gatto. E va bene così. Accettare che il tuo partner è come è, con le sue virtù e i suoi difetti, è il primo passo verso una relazione più sana e felice.

Ci siamo passati tutti, sognando la viola del pensiero, proprio come nei film. Se hai una relazione con qualcuno che non condivide i tuoi valori, è come cercare di far crescere un cactus nell'Artico. Semplicemente non funzionerà. Invece di cercare di cambiare il tuo partner, è meglio cercare qualcuno che condivida i tuoi stessi valori e obiettivi.

A volte ci aggrappiamo a relazioni tossiche perché abbiamo paura di rimanere soli. Ma la solitudine non è una brutta cosa. In effetti, può essere un'incredibile opportunità per conoscersi meglio e trovare qualcuno che ci completi davvero.

La prossima volta che ti trovi in una relazione che non ti rende felice, non aver paura di lasciarti andare. Ricorda, ci sono molti pesci nel mare e alcuni di loro sono molto più compatibili con te di quanto tu possa pensare.

In breve, la vita è troppo breve per essere spesa cercando di cambiare qualcuno. Accetta le persone così come sono, o trova qualcuno che ti accetti così come sei. E ricorda, c'è sempre qualcuno là fuori che sta cercando qualcuno come te!

Imparare ad accettare gli altri così come sono è come imparare a fare surf. All'inizio abbiamo cercato di controllare le onde, ma presto ci siamo resi conto che è più saggio fluire con esse. Allo stesso modo, nelle relazioni, dobbiamo imparare ad accettare le imperfezioni del nostro partner. Questo non significa rassegnarsi a una relazione insoddisfacente, ma scegliere consapevolmente di stare con qualcuno che ci ispira e ci fa crescere. Lasciando andare le nostre aspettative, apriamo la porta a un amore più autentico e duraturo.

Il cuore della questione: i nostri chakra e le anime gemelle

Immagina il tuo corpo come un edificio di sette piani, ogni piano è un chakra e ogni chakra ospita un'energia specifica. Quando si parla di amore e anime gemelle, il piano più importante è la camera da letto: il chakra del cuore. È come la stanza principale della nostra casa spirituale, dove riceviamo i nostri ospiti più cari.

Il chakra del cuore è l'epicentro delle nostre emozioni e la casa del nostro amore incondizionato. Quando questo chakra è aperto ed equilibrato, ci sentiamo connessi agli altri, compassionevoli e pieni di gioia.

È come avere un cuore di zucchero filato, morbido e soffice. Ma quando è bloccata, diventiamo amareggiati, risentiti e pieni di paura. È come avere un cuore di pietra, freddo e duro.

Ora, immagina che la tua anima gemella sia la chiave che apre la porta al tuo chakra del cuore. Quando ti connetti con la tua anima gemella, provi un senso di pace e appagamento che non hai mai provato prima. È come tornare a casa dopo un lungo viaggio. Tuttavia, se il chakra del cuore è bloccato, può essere difficile stabilire una connessione profonda e significativa con la propria anima gemella. È come cercare di aprire una porta con una chiave rotta.

Oltre al chakra del cuore, altri due chakra svolgono un ruolo importante nelle nostre relazioni: il chakra sacrale e il chakra della gola.

Il chakra sacrale è legato alla creatività, alla sessualità e alla passione. Quando questo chakra è equilibrato, ci sentiamo connessi al nostro corpo e ai nostri desideri più profondi.

Il chakra della gola, d'altra parte, è legato alla comunicazione e all'espressione dei nostri sentimenti. Quando questo chakra è aperto, possiamo comunicare in modo chiaro e onesto con il nostro partner.

In breve, i nostri chakra sono come mappe che ci aiutano a navigare nel complesso labirinto delle relazioni. Comprendendo e bilanciando i nostri chakra, possiamo creare connessioni più profonde e significative con le nostre anime gemelle.

Dal dolore all'amore: aprire il cuore a nuove possibilità

Hai mai sentito quel vuoto nel tuo petto, come se mancasse un pezzo importante del tuo puzzle? Questo vuoto può essere un segno che il chakra del cuore ha bisogno di un po' di attenzione.

Immagina che il tuo cuore sia un giardino. Se non lo innaffi o non te ne prendi cura, le erbacce cresceranno e annegheranno i fiori. E proprio come una pianta ha bisogno di acqua e sole per crescere, il nostro cuore ha bisogno di amore e cura per guarire.

Spesso, le ferite dell'infanzia possono lasciare cicatrici sul nostro cuore, ostacolando la nostra capacità di amare ed essere amati. Se siamo cresciuti in un ambiente in cui l'amore era condizionato, potremmo avere difficoltà a fidarci degli altri e ad accettare l'amore incondizionato.

È come se avessimo un muro costruito intorno al nostro cuore, che ci protegge dal dolore ma ci isola anche dall'amore.

Quando il nostro chakra del cuore è bloccato, possiamo cadere in modelli di comportamento distruttivi. Ad esempio, possiamo diventare "vampiri energetici", persone che cercano costantemente l'approvazione e l'affetto degli altri per sentirsi completi. Oppure possiamo sviluppare un atteggiamento vittimistico, sperando che gli altri ci salvino e ci rendano felici.

La buona notizia è che possiamo guarire il nostro chakra del cuore e aprirci all'amore. Riconoscendo e accettando le nostre ferite, possiamo iniziare a guarirle.

Anche praticare l'auto passione, la meditazione e lo yoga possono essere di grande aiuto. E, soprattutto, circondati di persone positive e amorevoli che ci ispirano a essere la versione migliore di noi stessi.

Immaginate che l'amore sia un oceano. A volte le onde sono calme e dolci, mentre altre volte sono turbolente e selvagge.

È importante ricordare che le tempeste sono una parte naturale del ciclo della vita. Come una nave che naviga in un oceano in tempesta, dobbiamo imparare ad adattarci alle nuove condizioni e mantenere la rotta.

Anime gemelle o semplici amici con benefici cosmici? Sveliamo il mistero.

Hai mai provato quella sensazione di "ti conoscevo prima" con un amico molto caro? Bene, potresti sperimentare la magia delle connessioni spirituali. Ma qual è la differenza tra un'anima gemella e un semplice spirito affine?

Gli spiriti affini sono come quegli amici con i quali si condivide un'armonia speciale. Si tratta di persone che vibrano a una frequenza simile alla tua e con le quali ti senti completamente a tuo agio. Immagina che siano i tuoi compagni di squadra in questo viaggio chiamato vita.

Con uno spirito affine, la connessione è quasi istantanea. È come se avessi trovato la tua anima gemella nel gruppo WhatsApp. E non sto esagerando! La fiducia è immediata e ti senti completamente al sicuro nel condividere i tuoi pensieri e sentimenti più profondi. È come avere un migliore amico che conosci fin dall'asilo, ma in versione adulta.

Ora, se gli spiriti affini sono come i tuoi migliori amici, le anime gemelle sono come la tua dolce metà! Sono quelle persone con cui condividi una connessione così profonda che sembra sfidare le leggi della fisica. È come due pezzi di un puzzle che si incastrano perfettamente.

Con l'anima gemella, il legame va oltre l'amicizia. È un'unione spirituale che ti fa sentire completo. È come se avesse trovato la sua casa dopo un lungo viaggio. E anche se non è sempre facile mantenere una relazione con la tua anima gemella (la vita a volte ci mette alla prova!), il legame che condividi è indissolubile.

Sono mezzo arancione? Svelare il mistero dell'anima gemella.

Ti è mai capitato di sentire un buco nel petto, come se fosse un calzino senza il tuo partner? Beh, non sei solo. Si scopre che la nostra anima, prima di venire in questo mondo, ha deciso di dividersi in due per vivere un'avventura epica. Sì, avete sentito bene! Siamo come le due metà di un'arancia, che cercano disperatamente di ritrovarsi.

Immagina di essere un supereroe in allenamento. Prima di partire per salvare il mondo, decidi di dividere i tuoi poteri in due per rendere la missione più emozionante. Ma una volta qui sulla Terra, dimentichi completamente questo piano generale! Così, passi la tua vita a cercare la tua altra metà, sentendoti un calzino come nessun altro.

Questo vuoto che sentiamo è come una calamita che ci porta a cercare connessioni profonde con gli altri. Vogliamo trovare qualcuno che ci completi, che ci faccia sentire completi. E anche se a volte possiamo confondere questo desiderio con una semplice cotta, la verità è che la ricerca di un'anima gemella va molto oltre.

Per trovare la nostra altra metà, dobbiamo fare un viaggio interiore. Abbiamo bisogno di guarire le nostre ferite, conoscere noi stessi e crescere spiritualmente.

È come se dovessimo diventare la versione migliore di noi stessi prima di poter trovare la nostra anima gemella.

Quindi, se stai cercando la tua dolce metà, non scoraggiarti! La strada può essere lunga e tortuosa, ma alla fine la ricompensa sarà immensa. E chissà, forse la tua anima gemella ti sta già aspettando dietro l'angolo.

La mia altra metà è là fuori?

Hai mai sentito quel piccolo solletico nel tuo cuore, quella sensazione che ci sia qualcuno là fuori che ti sta perfettamente, come la chiave di una serratura molto speciale?

Bene, lascia che ti dica che non sei solo in questa ricerca. Molti di noi sentono questa chiamata interiore, questa convinzione che la nostra anima gemella esista da qualche parte nell'universo.

Siamo come calzini persi in lavatrice, destinati ad essere ritrovati un giorno. Prima di separarci, ci siamo ripromessi di rivederci, ma la vita, con la sua smania di complicare le cose, ci ha portato su strade diverse. Tuttavia, non perdiamo mai la speranza di essere di nuovo insieme, di trovare quella persona con cui condividere i nostri calzini più strani senza vergognarci.

Il fascino delle anime gemelle: oltre i sogni

Vi è mai capitato di svegliarvi con la sensazione di aver appena vissuto un sogno così vivido e reale che vi è difficile distinguerlo dalla realtà? Potresti aver avuto un incontro con la tua anima gemella nel regno dei sogni.

Durante il sonno, le nostre anime possono vagare liberamente, connettendosi con altre anime affini in dimensioni parallele. È come se, mentre dormiamo, il nostro spirito andasse in vacanza nel multiverso per riunirsi con la sua altra metà.

Ma il legame con la nostra anima gemella non si limita ai sogni. Spesso proviamo un'attrazione inspiegabile per certe persone, come se le conoscessimo da tutta la vita. Questa connessione profonda può manifestarsi in molti modi: uno sguardo intenso, una conversazione che scorre facilmente o semplicemente un senso di comfort e familiarità. È come se le nostre anime riconoscessero immediatamente la loro corrispondenza, anche se la nostra mente cosciente non l'ha ancora elaborata.

La scienza ha iniziato a esplorare fenomeni come la sincronicità e l'intuizione, che suggeriscono che esiste una profonda connessione tra tutti gli esseri viventi.

La fisica quantistica, ad esempio, ci mostra che le particelle subatomiche possono essere aggrovigliato, cioè connesse istantaneamente attraverso lo spazio e il tempo. E se anche le nostre anime fossero intrecciate?

Tuttavia, trovare la nostra anima gemella non è sempre un percorso facile. Spesso incontriamo ostacoli e sfide che mettono alla prova la nostra connessione. Potremmo trovarci in fasi diverse della nostra evoluzione spirituale, o potremmo avere lezioni diverse da imparare. È anche possibile che le nostre anime si siano reincarnate in corpi molto diversi, il che rende difficile il riconoscimento.

Nonostante queste sfide, la ricerca della nostra anima gemella è una parte fondamentale del viaggio spirituale. Connettendoci con la nostra anima gemella, sperimentiamo l'amore incondizionato e un senso di realizzazione che va oltre qualsiasi altra esperienza. E anche se potremmo non trovare la nostra anima gemella in questa vita, semplicemente cercarla ci aiuta a crescere ed evolverci come esseri umani.

La prossima volta che senti una connessione speciale con qualcuno, permettiti di esplorare quella connessione. Potresti essere più vicino a trovare la tua anima gemella di quanto pensi. Il vero amore trascende le dimensioni e il tempo.

Anima amica: riconoscere le connessioni con le vite passate

Avete mai sentito questa connessione inspiegabile con qualcuno, come se lo conosceste da tutta la vita? Questa sensazione di familiarità immediata, di comprensione reciproca, può essere un segno che sei di fronte a un'anima amica.

Immaginate che le nostre anime siano come frammenti dello stesso cristallo. Nel corso di diverse vite, questi frammenti si separarono e si dispersero in tutto l'universo. Quando incontriamo un'anima amica, è come se due pezzi di questo cristallo originale si unissero. Questa profonda connessione si manifesta in molti modi, da un semplice sguardo a una conversazione che scorre con facilità.

Come riconoscere un'anima amica? L'intuizione è di solito il primo segno. Quella sensazione viscerale che c'è qualcosa di speciale in questa persona. La connessione istantanea, in cui le conversazioni scorrono senza sforzo e c'è una profonda comprensione reciproca, è un altro indicatore chiave. Inoltre, un'anima amica ti sostiene incondizionatamente, ti incoraggia a essere la versione migliore di te stesso e ti mostra aspetti di te stesso che potresti non aver conosciuto.

L'importanza delle anime amiche nel nostro sviluppo spirituale è innegabile. Ci aiutano a guarire vecchie ferite, a superare le paure e a trovare uno scopo nella nostra vita. Connettendoci con un'anima amica, stiamo ricordando a noi stessi la nostra vera natura ed espandendo la nostra coscienza.

Come si coltiva una connessione con un'anima amica? L'autenticità è fondamentale. Mostrati come sei, senza maschere o pretese. Ascolta attivamente ciò che il tuo amico della tua anima ha da dire, offri supporto incondizionato e celebra i suoi successi. Perdona e lascia andare il risentimento.

Sebbene l'idea di anime amichevoli sia radicata nelle credenze spirituali, ha anche una base psicologica. Quando ci connettiamo con qualcuno a un livello profondo, attiviamo alcune aree del cervello associate all'amore, alla fiducia e alla sicurezza.

Questa connessione neurobiologica può spiegare perché proviamo un senso così intenso di familiarità e connessione con alcune persone.

La ricerca di anime amiche è un viaggio personale che ci arricchisce e ci aiuta a crescere. Mantenendo una mente aperta e un cuore ricettivo, possiamo aumentare le nostre possibilità di entrare in contatto con persone che ci aiuteranno a raggiungere il nostro pieno potenziale.

Quando parliamo di anime gemelle e anime amiche, ci riferiamo a legami profondi che trascendono le barriere del tempo e dello spazio. Anche se spesso usati in modo intercambiabile, questi concetti rappresentano diverse sfaccettature delle nostre connessioni spirituali.

Anime gemelle: un amore divino

L'idea delle anime gemelle evoca l'immagine di due metà che si cercano disperatamente nel corso di diverse vite. Questa unione è considerata intensa, quasi come un destino cosmico. Il legame tra le anime gemelle è spesso romantico e passionale, con un senso di riconoscimento immediato e profonda intimità. Tuttavia, è importante notare che trovare la tua anima gemella non è una garanzia di felicità eterna. Le relazioni, anche quelle più profonde, richiedono lavoro e impegno.

Anime amichevoli: un legame sacro

Le anime amiche, d'altra parte, rappresentano una connessione più ampia e profonda. Sono quegli esseri che ci accompagnano nel nostro viaggio spirituale, offrendoci sostegno, amore incondizionato e crescita personale. A differenza delle anime gemelle, le anime gemelle non sono necessariamente destinate ad essere partner romantici. Possono essere amici intimi, familiari o persino mentori. Connettersi con un'anima amichevole è caratterizzato da un senso di familiarità, fiducia e comprensione reciproca.

Come differenziarli?

Intensità della connessione: le anime gemelle di solito generano una connessione intensa e quasi travolgente fin dal primo incontro. Con gli amici dell'anima, il legame si approfondisce nel tempo.

Scopo della relazione: Le anime gemelle sono fatte per sfidarci e aiutarci a crescere spiritualmente. Le anime amiche, d'altra parte, ci offrono un rifugio sicuro e un sostegno costante.

Tipo di amore: l'amore dell'anima gemella è spesso passionale e romantico, mentre l'amore dell'anima gemella è più profondo e duraturo.

Il ruolo delle anime amiche nella nostra vita

Le anime amiche svolgono un ruolo chiave nel nostro sviluppo personale e spirituale. Ci aiutano:

Guarire le ferite del passato: condividendo le nostre esperienze ed emozioni con un'anima amica, possiamo rilasciare il dolore e trovare la pace interiore.

Trovare il nostro scopo: le nostre amiche dell'anima possono ispirarci a seguire i nostri sogni e vivere una vita più piena.

Crescere spiritualmente: attraverso la connessione con un'anima amica, possiamo espandere la nostra consapevolezza e sviluppare una maggiore comprensione di noi stessi e del mondo che ci circonda.

Superare la perdita di un'anima amica

Perdere un amico dell'anima può essere un'esperienza devastante. Per ovviare a questa perdita, è importante:

Onora la connessione: riconosci l'importanza di questa relazione nella tua vita.

Permetti a te stesso di sentire: non sopprimere le tue emozioni.

Cerca supporto: parla con altri amici, familiari o un terapeuta.

Prenditi cura di te stesso: dai priorità al tuo benessere fisico ed emotivo.

Trova un nuovo significato: trova nuovi modi per connetterti con gli altri e trovare uno scopo nella tua vita.

Le anime gemelle e le anime amiche sono due tipi di connessioni profonde che arricchiscono la nostra vita. Comprendendo le differenze tra i due, possiamo apprezzare meglio i doni che ciascuno ci offre.

Anime gemelle e matrimoni karmici: un gioco di energie

Il mondo delle relazioni umane è un labirinto di connessioni energetiche, dove le anime si intrecciano e si separano in una danza cosmica. Oltre alle anime gemelle, ci sono altri tipi di legami che modellano le nostre esperienze e ci guidano nel nostro percorso spirituale. Due di questi legami sono le anime gemelle e i matrimoni karmici, ognuno con le proprie dinamiche e scopi.

Anime gemelle: armonia nella diversità

Le anime gemelle sono come pezzi di un puzzle cosmico che si incastrano perfettamente, anche se sono in modi molto diversi. Queste anime condividono una profonda affinità spirituale e una connessione che va oltre la comprensione razionale.

Sono spesso attratti dall'opportunità di crescere insieme e sostenersi a vicenda nel loro viaggio spirituale. Il rapporto tra le anime degli altri può essere armonioso e arricchente, basato sul rispetto reciproco e sull'ammirazione. Ma può anche essere impegnativo.

Compagni d'Anima Karmica: La Danza della Redenzione

Le anime gemelle karmiche sono come vecchi amici con cui abbiamo dei conti in sospeso. Queste relazioni sono spesso intense e talvolta turbolente, poiché siamo chiamati a risolvere conflitti e modelli di comportamento che si riportano dietro dalle vite passate. Immaginate una soap opera in cui i protagonisti si amano e si odiano in parti uguali; Questo è un chiaro esempio di una relazione karmica.

Anime compagne di Dhármicas: Il Valzer dell'Evoluzione

Le anime compagne dharmiche, d'altra parte, sono le nostre compagne di viaggio nell'evoluzione spirituale. Queste relazioni si basano sull'affinità, sul rispetto reciproco e sulla crescita comune. Sono come colleghi che ci aiutano a imparare e ad ampliare i nostri orizzonti. Un insegnante, un mentore o un amico intimo ispiratore possono essere un esempio di anime gemelle dharmiche.

Matrimoni karmici: il fuoco della trasformazione

I matrimoni karmici, d'altra parte, sono come un crogiolo in cui le anime vengono purificate attraverso il fuoco dell'esperienza. Queste unioni sono caratterizzate da schemi ripetitivi, conflitti ricorrenti e lezioni difficili da imparare. L'obiettivo di un matrimonio karmico è quello di ripagare i debiti karmici accumulati nelle vite passate. Sebbene possano essere dolorosi e impegnativi, questi matrimoni offrono un'opportunità unica per la crescita e la trasformazione spirituale.

Come distinguerli?

Intensità del legame: le anime gemelle in genere sperimentano una connessione fluida e fluida, mentre i matrimoni karmici sono caratterizzati da un'intensità emotiva che può variare dall'amore appassionato all'odio profondo.

Scopo della relazione: le anime gemelle si riuniscono per crescere insieme e condividere esperienze positive, mentre i matrimoni karmici hanno lo scopo di risolvere i conflitti e imparare lezioni importanti.

Modelli di comportamento: le anime gemelle tendono a completarsi e sostenersi a vicenda, mentre i matrimoni soprattutto, una sana dose di umorismo. Dopotutto, chi vuole avere una relazione noiosa e prevedibile?

L'idea che le anime gemelle debbano stare insieme per sempre è un mito. In realtà, le relazioni si evolvono e cambiano nel tempo. A volte le anime gemelle si separano per prendere strade separate, e altre volte si incontrano di nuovo in modi diversi.

La cosa importante da ricordare è che l'amore non deve essere sempre romantico. Potrebbe trattarsi di un'amicizia profonda, di un legame spirituale o anche di una sana rivalità.

Alla fine della giornata, ciò che conta è che la relazione ti ispiri a essere la versione migliore di te stesso.

Quindi, se pensi di aver trovato la tua anima gemella, congratulazioni! Ma non affezionarti troppo all'idea che starete insieme per sempre. Goditi il viaggio, impara dalle esperienze e ricorda che l'amore, come la vita stessa, è in continua evoluzione. E se un giorno le strade si separano, non scoraggiatevi. Ci saranno sempre nuove opportunità per entrare in contatto con altre anime che la pensano allo stesso modo e continuare a crescere.

In breve, le relazioni di anima gemella sono come le piante: hanno bisogno di essere curate e nutrite per crescere forti e sane. Ma hanno anche bisogno di spazio karmici sono spesso coinvolti in cicli ripetitivi di conflitto e riconciliazione.

Il ruolo dei figli nei matrimoni karmici

I bambini nati nei matrimoni karmici sono di solito anime anziane che sono venute in questo mondo con una missione specifica: aiutare i loro genitori a trasmutare il karma ed evolvere spiritualmente.

Questi bambini sono come piccoli insegnanti che ci insegnano ad essere più pazienti, compassionevoli e amorevoli.

Oltre le etichette

È importante ricordare che le etichette di "anima gemella", "anima gemella" e "matrimonio karmico" sono semplicemente strumenti per aiutarci a comprendere la complessità delle relazioni umane. In definitiva, ogni relazione è unica ed è influenzata da una moltitudine di fattori.

Cosa possiamo imparare da queste connessioni?

Abbraccia la diversità: non tutte le relazioni sono uguali, e va bene così.

Abbraccia la crescita: le relazioni, soprattutto quelle karmiche, ci offrono opportunità per crescere ed evolverci.

Praticare la compassione: sia per noi stessi che per gli altri.

Cerca la saggezza interiore: connettiti con il nostro intuito per comprendere meglio le nostre relazioni.

Il mondo delle relazioni è un oceano vasto e misterioso, pieno di possibilità. Comprendendo le diverse dinamiche energetiche che governano le nostre connessioni, possiamo navigare in questo oceano con maggiore consapevolezza e scopo.

Il Soul Clan: Famiglie e Connessioni Spirituali

Hai mai sentito un legame così profondo con un membro della famiglia da essere inspiegabile? O, al contrario, hai mai sperimentato una dinamica familiare che sembra più una sfida che un sostegno? Queste esperienze possono essere collegate al concetto di "clan dell'anima".

Il Soul Clan: un contratto spirituale

Immaginate che le nostre anime, prima di incarnarsi, scelgano un gruppo di compagni di viaggio per vivere insieme la vita sulla Terra.

Questo gruppo, noto come "clan dell'anima", è composto da individui che hanno accettato di lavorare insieme su determinati argomenti o lezioni spirituali. Ad esempio, una famiglia con una storia di dipendenze potrebbe aver scelto di incarnarsi insieme per comprendere e guarire questo modello generazionale.

Incarnazioni di gruppo: un piano divino

Le esperienze di premorte hanno rivelato modelli affascinanti sulle connessioni tra le anime.

Molte persone riferiscono di aver incontrato parenti defunti, ma anche di estranei con i quali sentono un legame profondo. Ciò suggerisce che le nostre anime possono scegliere di incarnarsi in famiglie diverse nel corso di diverse vite per completare un ciclo di apprendimento.

Attiriamo ciò che vibriamo

Non solo la nostra famiglia biologica fa parte del nostro clan d'anima. Nel corso della vita, attiriamo persone la cui vibrazione energetica è simile alla nostra. Questo spiega perché a volte ci troviamo circondati da amici con interessi e sfide simili. Ad esempio, se la nostra anima desidera sperimentare la libertà e la ribellione, è probabile che siamo attratti da gruppi di persone che sfidano le norme stabilite.

Imparare attraverso le relazioni

Le nostre relazioni, sia familiari che sociali, sono un parco giochi in cui impariamo lezioni preziose sull'amore, la compassione, la tolleranza e il perdono. Attraverso queste interazioni, sviluppiamo le nostre abilità sociali, emotive e spirituali.

Perché alcune relazioni sono così impegnative?

Sebbene le connessioni tra i clan d'anima possano essere profondamente soddisfacenti, possono anche essere impegnative. A volte, le dinamiche familiari o le amicizie tossiche possono sembrare più una maledizione che una benedizione. Tuttavia, è importante ricordare che anche le relazioni più difficili hanno uno scopo. Spesso sono queste esperienze che ci spingono a crescere e trasformarci.

Legami d'Anima: Esplorare la Connessione Spirituale

Non siamo isole isolate nel vasto oceano dell'universo. Ogni anima, alla nascita, porta con sé un filo invisibile che la collega ad un'altra. Questo filo, spesso definito "anima gemella spirituale", rappresenta l'altra nostra metà cosmica, il complemento perfetto che riflette la nostra essenza più profonda.

Proprio come gli atomi si uniscono per formare molecole, le nostre anime si uniscono agli altri per creare una danza cosmica di energia. Questa connessione va oltre la genetica fisica, nei regni dello spirituale. È come se ogni anima fosse un pezzo unico di un puzzle cosmico, alla ricerca della sua controparte per formare un quadro completo.

La legge della dualità, presente in tutto l'universo, si manifesta anche nelle nostre anime. Per ogni energia positiva, c'è un'energia negativa; per ogni azione, una reazione uguale e contraria. Pertanto, la nostra anima gemella spirituale rappresenta l'equilibrio perfetto, lo yin e lo yang che ci completano e ci completano.

Mentre l'idea di un'anima gemella spesso evoca immagini romantiche di un incontro casuale, questa connessione non sempre si manifesta in forma umana. Spesso, la nostra anima gemella si esprime attraverso esperienze, sincronicità e sottili connessioni energetiche. È come uno specchio che riflette la nostra vera natura, mostrandoci sia i nostri punti di forza che le nostre debolezze.

Il concetto di anime gemelle spirituali evoca immagini di connessioni profonde e durature che trascendono il tempo e lo spazio. Queste connessioni suggeriscono che le nostre esperienze non si limitano a questa vita, ma si estendono a molteplici incarnazioni.

Molte tradizioni spirituali parlano del concetto di vite passate e di come esse influenzino le nostre relazioni attuali. Quando incontriamo la nostra anima gemella, spesso proviamo un senso di intensa familiarità, come se ci conoscessimo da tutta la vita. Questo riconoscimento immediato può essere dovuto a vite passate in cui abbiamo condiviso esperienze significative. Inoltre, le nostre relazioni con le anime gemelle possono essere segnate da schemi ripetitivi che risalgono alle incarnazioni precedenti. Queste lezioni karmiche, anche se a volte dolorose, ci offrono l'opportunità di crescere ed evolvere spiritualmente.

Le sincronicità sono un altro aspetto affascinante delle connessioni dell'anima gemella. Questi eventi apparentemente casuali, come vedere numeri ripetitivi o fare sogni ricorrenti sulla stessa persona, possono essere segni che siamo in sintonia con la nostra altra metà.

I sogni, in particolare, agiscono come una finestra sul nostro subconscio e possono rivelare aspetti profondi della nostra connessione con la nostra anima gemella.

Per rafforzare il nostro legame con la nostra anima gemella, possiamo rivolgerci a varie pratiche spirituali. La meditazione, ad esempio, ci permette di sintonizzarci con le energie sottili che ci circondano e di connetterci con la nostra essenza più profonda.

La visualizzazione, d'altra parte, ci permette di creare un'immagine mentale della nostra anima gemella e rafforzare il legame energetico. Inoltre, le affermazioni positive possono aiutarci a riprogrammare il nostro subconscio e ad attirare la nostra anima gemella nella nostra vita.

Tuttavia, è importante ricordare che il percorso verso l'unione con la nostra anima gemella non è sempre facile. La paura del rifiuto, l'insicurezza e le esperienze dolorose del passato possono ostacolare la nostra capacità di connetterci con la nostra metà. Inoltre, non tutte le relazioni intense sono con la nostra anima gemella. A volte possiamo confondere una connessione karmica con una connessione con l'anima gemella.

Fiamme gemelle contro anime gemelle: un viaggio attraverso l'anima

I concetti di fiamma gemella e anima gemella hanno catturato l'immaginazione di molte persone nel corso dei secoli. Entrambi i termini sono usati per descrivere connessioni profonde e significative tra gli individui, ma implicano realtà molto diverse.

Anime gemelle: i compagni di viaggio

Le anime gemelle sono come compagni di viaggio che scegliamo per vivere varie vite e lezioni. Sono connessioni profonde e significative che ci aiutano a crescere ed evolverci. Queste relazioni sono solitamente armoniose e basate sull'amore incondizionato. Le anime gemelle possono essere amici intimi, familiari o partner romantici. La caratteristica principale di un legame con l'anima gemella è un senso di familiarità e il desiderio di sostenersi a vicenda nel percorso della vita.

Fiamme Gemelle: La Fusione di Due Anime

Le fiamme gemelle, d'altra parte, rappresentano una connessione molto più intensa e trasformativa. Si crede che le fiamme gemelle siano due metà della stessa anima che si sono separate per sperimentare la dualità e poi si sono unite per completare la loro unità. Questa unione può innescare un processo di trasformazione profonda e accelerata, spesso accompagnato da sfide e crescita spirituale.

Principali differenze

Numero di connessioni: una persona può avere più anime gemelle nel corso della sua vita, mentre si ritiene che ogni persona abbia una singola fiamma gemella.

Intensità della connessione: La connessione con una fiamma gemella è molto più intensa e a volte può essere travolgente. Il legame con un'anima gemella, sebbene profondo, è solitamente più equilibrato.

Scopo: Le anime gemelle ci aiutano a crescere e imparare, mentre le fiamme gemelle ci spingono verso la nostra ultima evoluzione spirituale.

Sfide: le relazioni con le fiamme gemelle sono spesso piene di sfide e ostacoli che possono mettere a dura prova la relazione. Le connessioni con le anime gemelle sono generalmente più armoniose.

Come distinguerli?

Spesso, il confine tra anime gemelle e fiamme gemelle può essere sfocato. Tuttavia, ci sono alcuni segnali che possono aiutarti a distinguerli:

Intensità della connessione: se senti una connessione così intensa che trovi difficile separarti da quella persona, potresti vivere una fiamma gemella.

Trasformazione personale: se la relazione ti spinge a crescere e trasformarti a un livello profondo, è probabile che si tratti di una connessione con una doppia fiamma.

Sincronicità: le sincronicità, come vedere numeri che si ripetono o fare sogni ricorrenti, possono essere segni di una connessione speciale, sia con le anime gemelle che con le fiamme gemelle.

Sfide: le relazioni con le fiamme gemelle sono spesso piene di sfide che possono mettere alla prova la relazione.

È importante ricordare che non tutte le relazioni rientrano in queste categorie: molte relazioni non rientrano perfettamente in nessuna di queste definizioni.

L'intuizione è la chiave: fidati del tuo intuito e di ciò che senti nel tuo cuore.

L'amore: un gioco di seduzione cosmica e le leggi invisibili che lo governano

Al di là delle credenze nelle anime gemelle o nelle reincarnazioni, la realtà è che tutti noi desideriamo ardentemente una connessione profonda e duratura.

L'amore non è una lotteria, ma un obiettivo raggiungibile. Ci sono principi universali che governano le nostre connessioni emotive e il più basilare è amare sé stessi. Sembra ovvio, ma è fondamentale. Se non apprezzi te stesso, come puoi aspettarti che lo faccia qualcun altro? I tuoi pensieri e le tue paure modellano la realtà del tuo amore. Se credi che l'amore sia irraggiungibile, lo sarà per te.

Una volta costruita la tua fiducia in te stesso, puoi progettare la relazione che desideri. La sincerità è indispensabile. Non esitate a esprimere le vostre emozioni e i vostri desideri. Il dialogo aperto è la base di un legame duraturo. Accettare le tue vulnerabilità ti renderà più reale e attraente.

Ciò che proietti nel mondo ti ritorna. Se ti concentri sugli aspetti negativi, attirerai esperienze simili. La legge di attrazione è una forza potente: ciò su cui metti la tua attenzione si manifesta nella tua vita. Visualizza la relazione ideale e prova le emozioni che vorresti provare.

Attrarre l'amore è solo il seme che piantiamo; Coltivarla è la vera arte. Mantenere una relazione viva e sana richiede un impegno costante e una profonda comprensione delle dinamiche emotive. Le relazioni, come gli esseri viventi, sono in continua evoluzione, adattandosi ai cambiamenti e alle sfide che la vita ci presenta.

È essenziale riconoscere che l'amore non è uno stato statico, ma un processo dinamico che richiede la nostra attenzione e cura. Come un giardino, una relazione ha bisogno di essere annaffiata con affetto, sostanze nutritive come una comunicazione onesta e potatura delle erbacce come la diffidenza e la routine.

La chiave per superare le sfide e rafforzare il legame risiede nella capacità di entrare in empatia con il partner, di mettersi nei suoi panni e di comprendere le sue esigenze. Ciò implica lo sviluppo di capacità di comunicazione attiva, in cui sia il mittente che il destinatario si sentano ascoltati e apprezzati.

Inoltre, è fondamentale coltivare la pazienza e la tolleranza, ricordando che tutti sbagliamo e che la perfezione è un ideale irraggiungibile.

L'amore è un viaggio in cui esploriamo insieme nuovi territori e affrontiamo tempeste. La resilienza, la capacità di adattarsi al cambiamento e la disponibilità al perdono sono qualità fondamentali per navigare nelle acque turbolente della vita di coppia.

Investire nella crescita personale è essenziale anche per la crescita delle relazioni. Mentre continuiamo a imparare e svilupparci, portiamo nuove prospettive ed energia al nostro partner. Inoltre, dimostrando al nostro partner che apprezziamo il nostro benessere, diamo l'esempio e promuoviamo un ambiente di sostegno reciproco.

L'amore nella formula: come attrarre la tua dolce metà

Stanco di cercare l'amore nei posti sbagliati? Non preoccuparti, la scienza e la magia (beh, un po' di entrambe) possono aiutarti.

Ama il Feng Shui: trasforma la tua casa in una calamita per l'amore. Secondo il Feng Shui, l'angolo giusto quando si entra in casa è l'angolo del romanticismo. Decoralo con passione! Una sfera di cristallo sfaccettata, un quarzo rosa o una semplice candela rosa possono aumentare l'energia dell'amore. Inoltre, una foto di una coppia felice o due figure romantiche.

La scienza dell'attrazione: Sapevi che i nostri pensieri influenzano la nostra realtà? Proprio come una calamita attira il metallo, i tuoi pensieri positivi attirano situazioni positive. Visualizza il tuo partner ideale, prova l'emozione di stare con quella persona e abbi fiducia che l'universo cospirerà a tuo favore.

L'effetto placebo dell'amore: Credi negli angeli? Beh, ti credono! Chiamali nei loro momenti di quiete e chiedi loro di guidarti nella tua ricerca. La fede sposta le montagne, e chissà che non ti sorprendano con una passione celeste!

Invocazione della mia altra metà

In questo momento sacro, invoco la mia anima gemella, la mia altra metà. Con la luce dei Maestri Ascesi che ci guidano, chiedo che tutte le barriere che ci separano siano dissolte, in modo che possiamo abbracciarci l'un l'altro in unità e completare il nostro viaggio insieme. Che tutti i legami e i condizionamenti che ci impediscono di incontrarci siano liberati. La luce divina dissolva le tenebre del passato e ci permetta di riconoscerci. Con amore e gratitudine, prego affinché le nostre strade si incrocino di nuovo, affinché possiamo sperimentare la gioia della riunificazione. Gli angeli custodi ci proteggano e ci guidino sulla via dell'unità. Possano essere eliminate tutte le energie negative che possono ostacolare il nostro incontro. Con fede e fiducia, chiedo che l'universo ci fornisca le opportunità di cui abbiamo bisogno per riconoscerci e amarci pienamente l'un l'altro.

Sommario

Le anime gemelle sono come vecchi amici dell'anima che si riuniscono in vite diverse. Si tratta di connessioni profonde e significative, che possono assumere la forma di coppie, familiari o amici intimi.

Queste connessioni sembrano una calamita, un'attrazione quasi magnetica che le lega insieme. Anche se non siamo sempre consapevoli di chi sia la nostra anima gemella, la sua presenza nella nostra vita è spesso evidente a causa dell'intensità della connessione e del senso di riconoscimento reciproco.

A differenza delle anime gemelle, le fiamme gemelle rappresentano una connessione ancora più intensa e trascendentale. Sono come due metà della stessa anima, separate per sperimentare il mondo e poi unirsi per raggiungere una completa unione spirituale.

Questa unione può essere impegnativa e trasformativa, poiché entrambe le parti sono spinte a crescere ed evolversi insieme. Le fiamme gemelle condividono una missione comune e la loro relazione è spesso intensa e appassionata, spesso accompagnata da un profondo legame spirituale.

Le anime gemelle e le fiamme gemelle sono connessioni che possono essere incredibilmente arricchenti e trasformative e offrono l'opportunità di sperimentare un amore e una connessione profonda come nessun altro.

Immagina di essere un puzzle gigante e la tua altra metà si è persa fuori. Quell'altra metà è la tua fiamma gemella: l'altro pezzo che completa il tuo essere. Sono due metà della stessa anima, come lo yin e lo yang, ma in versione orso con superpoteri. Quando si incontrano, è come se due magneti si unissero con una forza inarrestabile. È amore a prima vista... e per sempre!

E le anime gemelle? Ah, questa è un'altra cosa! Le anime gemelle sono come buoni amici che si incontrano di nuovo in vite diverse. Sono connessioni profonde e speciali, ma non sono la stessa cosa di una fiamma gemella. Mentre le anime gemelle ti accompagnano nel tuo viaggio, le fiamme gemelle sono la tua destinazione finale, il tuo complemento perfetto.

Perché tutto questo è così importante? Perché quando le fiamme gemelle si uniscono, creano un'energia così potente da poter cambiare il mondo. È come accendere un fuoco nel cuore della Terra.

Insieme, queste anime gemelle superpotenti possono aiutare a creare un mondo migliore pieno di amore, luce e armonia.

Se le anime gemelle sono come due buoni amici che si conoscono da sempre, le fiamme gemelle sono come due metà della stessa arancia. Sono la connessione più profonda e spirituale che si possa immaginare!

Anime gemelle: Amore a prima vista... e per sempre!

Riuscite a immaginare di incontrare qualcuno con cui vi connettete così profondamente che è come parlare la stessa lingua, ma senza dire una parola? Ecco come sono le anime gemelle! Sono come due pezzi di un puzzle che si incastrano perfettamente. Hanno gli stessi gusti, gli stessi sogni e pensano persino lo stesso! Quando si incontrano, è come se una scintilla magica li unisse e non potessero più vivere l'uno senza l'altro. È come se si conoscessero in mille vite passate e sapessero che dovrebbero stare insieme.

Un amore che va oltre

L'amore per le anime gemelle è qualcosa di speciale. Non si tratta solo di attrazione fisica, si tratta di una profonda connessione spirituale. È un amore che cresce ogni giorno e che sa superare qualsiasi ostacolo. Si sostengono a vicenda in ogni momento e si incoraggiano a vicenda a essere persone migliori. È come se avessero un radar interno che permette loro di trovarsi, anche se si trovano a migliaia di chilometri di distanza.

Prima di poter trovare la tua anima gemella, devi trovare te stesso!

Prima di trovare la tua anima gemella, è importante che tu conosca te stesso e che tu abbia avuto molte esperienze. È come se dovessi passare attraverso una scuola di vita per essere preparato a questo grande amore.

Quando finalmente trovi la tua anima gemella, è come se tutti i pezzi della tua vita andassero al loro posto. È un momento magico che ti cambia la vita per sempre!

Pensi di aver trovato la tua anima gemella? Dai un'occhiata a questo elenco!

A volte l'amore arriva nei modi più inaspettati. Se pensi di aver trovato la tua anima gemella, presta attenzione a questi segni:

Gli opposti si attraggono... e molto! Spesso, la nostra anima gemella non si adatta al nostro "tipo" ideale. È come se l'universo ci dicesse: "Sorpresa! L'amore è disponibile in tutte le dimensioni e gusti!

Sincronia cosmica: strane coincidenze? Potresti vivere una storia d'amore da film! Se senti che l'universo sta cospirando per riunirli, questo è un buon segno.

Intuizione completa: se senti una connessione speciale con questa persona, come se potessi leggere la sua mente, la sua intuizione ti sta dicendo qualcosa!

Ho bisogno di vederti ora! Se senti un bisogno urgente di stare con questa persona, è come se una forza magnetica ti stesse attirando.

E cosa succede prima di trovare la tua anima gemella?

Spesso, prima di trovare la nostra anima gemella, attraversiamo esperienze amorose che non funzionano. È come se dovessimo imparare lezioni importanti per essere pronti quando arriva la persona giusta. E quando arriva, è come se tutti i pezzi si incastrassero perfettamente!

Ricordare! Trovare la tua anima gemella è come vincere alla lotteria dell'amore.

Pensi di aver trovato la tua anima gemella?

Trovare la tua anima gemella è come trovare un tesoro nascosto. Ma come fai a sapere se quella persona speciale è davvero la tua dolce metà? Presta attenzione a questi indizi!

Immagina di poter parlare con qualcuno per ore e ore senza annoiarti per un secondo. Questo è un segno! Se condividi gli stessi interessi, valori e persino le stesse battute cattive, è probabile che tu abbia trovato un legame molto speciale. Inoltre, se sentono un'attrazione che va oltre il fisico, come se le loro anime fossero connesse, significa affari!

Un'altra chiara indicazione è che si sentono completi quando sono insieme. È come se fossero sempre un pezzo unico. Per non parlare della telepatia! Riuscirete a finire le frasi dell'altro o a indovinare cosa sta pensando l'altro? Questo è vero amore! E se mai dovessi avere una discussione, la risolverai sicuramente rapidamente, perché la cosa più importante per entrambi è stare bene.

Se senti di aver trovato qualcuno che ti fa ridere, ti ispira e ti fa sentire completo, ci sono buone probabilità che tu abbia trovato la tua anima gemella.

Attenzione alla confusione!

È importante non confondere l'energia che proviamo per qualcuno con il legame con un'anima gemella. A volte, possiamo provare una forte attrazione per qualcuno a causa di energie simili o esperienze condivise in vite passate. Ma questo non significa che siano anime gemelle. Il legame con un'anima gemella è unico e speciale.

Karma: Seminare e Mietere Cosmico!

Immaginate che la vita sia come un gioco cosmico della nuca. Ogni palla che colpisci (ogni azione che compi) ha una conseguenza diretta sulle palle successive (le tue esperienze future). Questo è il karma! È come una legge universale che dice che qualsiasi cosa tu dia ti verrà restituita. Se semini amore, raccogli amore; Se seminate odio, raccoglierete odio. È come un boomerang cosmico!

Ogni buona azione che fai è come un deposito, e ogni cattiva azione è come un bottino. E proprio come in una banca, ci sono diversi tipi di conti:

Karma collettivo: è come un prestito di gruppo. Se un gruppo di persone ha fatto cose cattive in passato, può pagarne le conseguenze tutti insieme. Come una sorta di "punizione cosmica di gruppo"!

Hard karma: è come un prestito a lungo termine con tassi di interesse molto alti. Se hai fatto cose molto brutte nelle vite passate, dovrai pagare un prezzo molto alto in questa vita. E non c'è modo di negoziare!

Karma familiare: è come un'eredità familiare, ma in una versione cosmica. I tuoi rapporti con la tua famiglia sono influenzati dalle azioni che hai fatto con loro nelle vite passate. Quindi, se hai un fratello un po'... strano, potresti dovergli una vita!

Karma individuale: è come un prestito personale. Ogni cattiva azione che fai ha una conseguenza diretta sulla tua vita. Quindi, se sei stato cattivo, preparati alle conseguenze!

Ma non preoccuparti! Anche se il karma può sembrare un po' opprimente, ricorda che hai sempre l'opportunità di cambiare il tuo destino. Ogni buona azione che fai è come un passo verso un futuro migliore. Quindi sii buono, fai del bene e goditi la vita!

Ma abbiamo anche un karma collettivo, come il karma nazionale o mondiale. Immaginate che un'intera nazione o l'intero pianeta debba pagare per gli errori di pochi! E poi c'è il karma-saya, che è come un contratto karmico che viene firmato ogni volta che due persone fanno sesso. Quindi scegli con cura i tuoi partner!

Il karma è come una legge universale che dice che tutto ciò che fai, buono o cattivo, ha delle conseguenze. Se rubi, sarai derubato; Se uccidi, ti uccideranno. Non solo, ma dovrai anche pagare per il dolore che hai causato agli altri. Quindi, prima di fare qualcosa di cui potresti pentirti, pensaci due volte!

L'amore al tempo del karma

Hai mai sentito un legame così profondo con qualcuno da sembrare inspiegabile? Beh, potrebbe essere che la tua altra metà sia su un altro aereo!

1. **Amore a distanza cosmica:** immagina che la tua anima gemella sia un astronauta in una galassia molto, molto lontana. Sì, che romanticismo. In questo caso, entrambi lavorano insieme per evolvere spiritualmente, ma da dimensioni diverse. È come una squadra intergalattica di supereroi!

2. **Insieme, ma non mescolati**: A volte le anime gemelle sono qui sulla Terra, ma per qualche motivo nell'universo non possono stare insieme. È come se avessero un appuntamento al buio con il destino e il destino li fa sedere a tavoli separati! Ma non preoccuparti, il loro legame spirituale è ancora molto forte, anche se non si vedono tutti i giorni.

3. **L'amore in tempi di cambiamento**: Altre volte, le anime gemelle sono sullo stesso piano ma hanno ancora ostacoli da superare. È come se fossero in un percorso a ostacoli e dovessero superare molte sfide prima di poter stare insieme. Ma alla fine, ne vale la pena!

4. E la chimica? Se ti stai chiedendo perché a volte non c'è chimica con la tua anima gemella, è perché entrambe le anime si trovano in fasi diverse della loro evoluzione spirituale. È come se fossero in classi diverse e dovessero recuperare il ritardo prima di poter studiare insieme.

5. Il grande salto quantico: La buona notizia è che alla fine tutte le anime gemelle si riuniranno. È come se stessero aspettando alla stazione ferroviaria dell'amore e alla fine i loro treni arriveranno alla stessa destinazione. E poi potranno vivere felici e contenti!

6. Come facciamo a sapere se abbiamo trovato la nostra anima gemella? Beh, la verità è che non esiste una formula magica da conoscere. Ma se senti un legame profondo e speciale con qualcuno, se senti di conoscere quella persona da sempre e se senti di poter realizzare grandi cose insieme, potresti aver trovato la tua anima gemella!

7. Cosa succede se non riesco a trovare la mia anima gemella? Non preoccuparti! Non tutti sono così fortunati. Ma questo non significa che non si possa avere una vita piena e felice. Ci sono così tante persone meravigliose al mondo con cui puoi connetterti e condividere la tua vita!

8. Cosa succede se la mia anima gemella si trova su un altro pianeta? Beh, questa è una domanda difficile a cui rispondere. Ma se credi negli alieni e nell'amore cosmico, tutto è possibile!

9. L'importante è godersi il viaggio: Alla fine della giornata, la cosa più importante è godersi il viaggio. Che tu trovi la tua anima gemella o meno, la vita è piena di avventure ed esperienze meravigliose. Quindi, rilassati, goditi il momento e apri il tuo cuore all'amore!

Livelli di connessione dell'anima gemella

Ti sei mai sentito come se conoscessi qualcuno come se avessi vissuto mille vite insieme? Bene, se hai sperimentato quella connessione speciale, è probabile che tu stia vivendo una riunione con la tua anima gemella. Ma sapevi che ci sono diversi livelli di legame tra le anime gemelle?

1. Amore a prima vista (spirituale): è come se le vostre anime si riconoscessero all'istante, come due pezzi di un puzzle che si incastrano perfettamente. È un amore puro e profondo, che va oltre il fisico. È come una cotta cosmica!

2. Menti connesse (intellettuali): Oltre a connettersi a livello spirituale, le anime gemelle condividono anche un'incredibile connessione mentale. Hanno conversazioni profonde, si capiscono con uno sguardo e si divertono a imparare insieme. Sono come due cervelli ad una frequenza!

3. Amore nel primo sorriso (emotivo): la connessione emotiva tra le anime gemelle è così forte che a volte sembra magica. Si sentono completamente a proprio

agio l'uno con l'altro e condividono una complicità unica. È come se potessero leggere le loro menti!

4. Passione infinita (fisica): l'incontro fisico tra anime gemelle è un'esperienza fuori dal mondo. È come se i loro corpi fossero stati progettati per adattarsi perfettamente. È un'esplosione di sensazioni ed emozioni che vi toglieranno il fiato!

5. Un viaggio astrale in ogni incontro: Durante l'atto sessuale, le anime gemelle possono provare sensazioni così intense da sentire che stanno viaggiando verso altri piani di esistenza. È come se l'amore li trasportasse in un universo parallelo.

6. Connessione oltre il tempo e lo spazio: La connessione tra le anime gemelle è così forte che trascende il tempo e lo spazio. Anche quando sono fisicamente distanti, possono sentire la presenza l'uno dell'altro. È come se avessero un sesto senso!

7. Un amore totalizzante: l'amore dell'anima gemella è un amore completo e comprende tutti gli aspetti della vita. È un amore che ti fa sentire vivo, amato e apprezzato. È il tipo di amore che tutti stiamo cercando!

8. Crescita reciproca: le anime gemelle si aiutano a vicenda a crescere ed evolversi. Si sfidano e si ispirano a vicenda per essere persone migliori. È come avere un compagno di viaggio nella vita!

9. Un amore eterno: l'amore tra anime gemelle è eterno. Possono affrontare sfide e ostacoli, ma il loro amore troverà sempre un modo per superare qualsiasi ostacolo. È un amore che dura oltre la vita stessa!

Hai trovato la tua anima gemella! Quanto sei sicuro?

Trovare la tua anima gemella è un'esperienza unica e trasformativa che può lasciarti con molte domande. Come fai a sapere se questa connessione speciale che senti è reale? Ecco alcuni segnali per aiutarti a identificare se hai trovato la tua altra metà:

1. Una scossa elettrica spirituale: quando due anime gemelle si incontrano, può verificarsi una sorta di cortocircuito energetico. Immagina una scarica elettrica che attraversa tutto il tuo corpo, attivando i tuoi chakra e aumentando la tua vibrazione. È come se fossi connesso a una fonte di energia infinita!

2. Un viaggio astrale senza passaggio: Dopo questo intenso incontro, potresti sentirti un po' disconnesso dalla realtà. Potresti provare strane sensazioni, come se stessi fluttuando o se il tuo corpo non è completamente tuo. Non preoccuparti, è normale!

3. Un'attrazione magnetica irresistibile: sentirai un'attrazione per la tua anima gemella che va oltre il fisico. È come se fossi collegato a un magnete

invisibile. Anche quando siete lontani, sentirete un legame profondo!

4. Uno specchio dell'anima: Ti renderai conto che la tua anima gemella è come un riflesso di te stesso. Condivideranno valori, interessi e anche alcuni degli stessi difetti. È come se si conoscessero da sempre!

5. Una connessione telepatica: sarai in grado di sentire ciò che prova la tua anima gemella, anche a distanza. È come se avessero una linea diretta di comunicazione telepatica. Sarai in grado di prevedere i tuoi pensieri e le tue emozioni!

6. Sincronicità e coincidenze inspiegabili: scoprirai che le tue vite si intrecciano in modi misteriosi. Vi troverete in luoghi e tempi inaspettati, come se l'universo vi stesse guidando l'uno verso l'altro.

7. Un cambiamento profondo: una volta che incontri la tua anima gemella, la tua vita cambierà completamente. Ti sentirai più ispirato, più motivato e più connesso a te stesso e al mondo. È come se avessi trovato il tuo scopo!

8. Sogni vividi e profetici: puoi iniziare ad avere sogni più vividi e significativi, in cui appare la tua anima gemella. Questi sogni possono offrire indizi sulla vostra connessione e sul vostro futuro insieme.

9. Un profondo senso di pace: quando sei con la tua anima gemella, sentirai un senso di pace e tranquillità che non hai mai provato prima. È come se avessi trovato la tua casa.

10. Amore incondizionato: l'amore che provi per la tua anima gemella è puro e altruista. Non ci sono condizioni o aspettative. Semplicemente ami quella persona per quello che è.

11. Una connessione eterna: la connessione tra le anime gemelle è eterna. Anche se siete fisicamente separati, il vostro amore durerà per sempre. È un amore che trascende il tempo e lo spazio.

Una guida alle relazioni d'anima

Ti sei mai chiesto perché certe relazioni sono così intense e altre così calme? Perché a volte ti senti legato a qualcuno in modo inspiegabile? La risposta potrebbe risiedere nei diversi tipi di connessioni animiche che esistono.

1. Compagni di viaggio: immagina che la vita sia un lungo viaggio in treno e che i tuoi compagni di viaggio siano le persone che incontri. Questi compagni sono generalmente abbastanza calmi e stabili. Sono come quegli amici su cui puoi contare tutto il tempo, ma senza il brivido delle montagne russe!

2. Il karma ti chiama: Hai mai avuto la sensazione di conoscere qualcuno per sempre, anche se è la prima volta che lo vedi? Puoi avere una connessione karmica! È come se aveste vissuto mille vite insieme e ora stiate sistemando le questioni in sospeso. Come una riunione di anime!

3. L'ex di un'altra vita: Una relazione karmica può essere ancora più intensa se nelle vite passate eravate una coppia. Immaginate tutte le promesse e i voti che avrebbero potuto fare! Queste connessioni possono

essere molto forti e talvolta difficili da rompere. Come un fantasma del passato che non ti lascerà solo!

La confusione della fiamma gemella: Le relazioni karmiche sono spesso confuse con le relazioni della fiamma gemella a causa della loro intensità. Ma attenzione! Non tutte le connessioni profonde sono fiamme gemelle. È come scambiare un miraggio per un'oasi nel deserto!

Rilasciare il passato: per evitare confusione e vivere relazioni più sane, è importante rilasciare le energie del passato. Lavorando sulle tue relazioni karmiche, puoi lasciar andare i vecchi schemi e aprirti a nuove esperienze. È come pulire casa prima di accogliere un nuovo ospite!

Il peso dei voti: se avessi una relazione romantica in una vita passata, potresti aver fatto promesse o voti che ancora risuonano nella tua anima. Questi voti possono creare un senso di impegno che può ostacolare l'avanzamento. È come portare uno zaino pieno di sassi!

L'importanza dell'identificazione: è essenziale identificare il tipo di connessione che si ha con un'altra persona. È una relazione karmica? Un compagno di vita? O forse qualcosa di più profondo? Riconoscendo la natura della tua relazione, sarai in grado di prendere decisioni migliori. È come leggere le istruzioni prima di assemblare un mobile!

Cancella il passato: se hai una relazione karmica, è importante lavorare su di essa per rilasciare le energie negative. Immagina di pulire una lavagna per poter scrivere una nuova storia!

Fiamme gemelle: una storia a parte: le relazioni tra le fiamme gemelle sono uniche e speciali. Sebbene possano avere elementi karmici, sono molto più profondi e trasformativi. È come trovare la tua altra metà, il pezzo mancante del tuo puzzle!

10. L'importanza del presente: non rimanere bloccato nel passato. Concentrati sulla tua relazione attuale e su cosa puoi fare per rafforzarla. Il passato è il passato e il futuro è ancora da scrivere!

Connessioni dell'anima: oltre l'amicizia

Hai provato un senso di familiarità e comprensione immediata? Questo potrebbe indicare che siete di fronte a un'anima imparentata.

Un'anima gemella è molto più di un semplice amico. È qualcuno con cui condividi un profondo legame spirituale, un'affinità che va oltre le parole. Questo legame può manifestarsi in molti modi, da un'amicizia duratura a un intenso amore romantico.

La caratteristica principale di un'anima sorella è la sensazione di essere sulla stessa frequenza. È come se entrambi avessero la stessa armonia e potessero capirsi con un solo sguardo. Questo legame profondo può farvi sentire a vostro agio e al sicuro l'uno con l'altro fin dall'inizio.

Spesso, le anime gemelle si trovano nei momenti chiave della loro vita, quando sono pronte a crescere ed evolversi. Queste connessioni possono essere catalizzatrici per il cambiamento e aiutarci a scoprire il nostro vero potenziale.

Sebbene gli spiriti affini e le fiamme gemelle condividano alcune somiglianze, sono concetti distinti.

Mentre le fiamme gemelle sono considerate due metà della stessa anima, le anime sorelle sono due anime individuali che si completano e si sostengono a vicenda.

Una relazione con l'anima gemella può essere un'esperienza profondamente gratificante. È un'opportunità per crescere, imparare e condividere esperienze uniche. Tuttavia, è importante ricordare che i fratelli d'anima non dovrebbero sempre avere una relazione romantica insieme. A volte la tua connessione è più profonda a livello spirituale o emotivo.

Un'anima gemella è un dono dell'universo. È una connessione speciale che può arricchire la nostra vita in tanti modi. Se hai la fortuna di incontrare uno spirito simile, amalo e prenditene cura.

Come riconoscere un'anima gemella?

Connessione istantanea: senti una connessione profonda fin dal primo momento.

Affinità condivise: hanno interessi, valori e prospettive simili.

Crescita personale: ti ispirano a essere una persona migliore.

Comprensione reciproca: si capiscono senza bisogno di parole.

Supporto incondizionato: sono lì per te nella buona e nella cattiva sorte.

Le Fiamme Sorelle: un esclusivo club dell'anima

Hai mai sentito un legame così speciale con qualcuno che ti fa sentire come se lo conoscessi da tutta la vita?

Questo sentimento di complicità e comprensione può indicare che avete trovato una fiamma sorella. Immagina che le fiamme gemelle siano come due metà della stessa arancia; Ebbene, le sorelle lama sono come arance che crescono sullo stesso albero: sono imparentate, ma non sono identiche.

Quando due persone sperimentano una profonda connessione con la loro fiamma gemella, entrano in una sorta di "modalità ad alta vibrazione". Questa energia è così unica che è facile riconoscere altre persone che vibrano alla stessa frequenza. È come entrare a far parte di un club esclusivo di anime connesse.

Come fai a sapere se hai trovato una sorella lama?

Le fiamme sorelle si sostengono a vicenda nel loro viaggio spirituale. Si condividono esperienze, si offrono consigli e si celebrano i risultati di ciascuno. È come avere una squadra di cheerleader personale.

Il legame tra le sorelle lama è così forte che si può sentire anche da lontano. È come se fossero collegati da un filo invisibile. Questa connessione speciale può manifestarsi in molti modi, dai sogni condivisi alle sincronicità nella vita di tutti i giorni.

Le fiamme sorelle sono come cugine dell'anima. Sono persone speciali che condividono un legame profondo e significativo.

Love Has No Gender: le fiamme gemelle e le loro varie configurazioni

Quando si parla di fiamme gemelle, di solito si pensa a coppie maschili e femminili. Tuttavia, la realtà è molto più diversificata. Le fiamme gemelle sono due anime che si sono divise in un'unica origine e sono destinate a riunirsi. E questa unione può avvenire in più configurazioni, oltre al genere.

L'energia di una fiamma gemella è essenzialmente femminile o maschile, indipendentemente dal sesso della persona in questa vita. Cioè, una donna può avere un'energia prevalentemente maschile e viceversa. Questa energia è ciò che determina le dinamiche della relazione tra le fiamme gemelle, al di là dei tradizionali ruoli di genere.

Storicamente, si crede che le fiamme gemelle si incarnino sempre in corpi di sesso opposto. Tuttavia, man mano che la consapevolezza spirituale si evolve, sempre più persone si stanno rendendo conto che non è sempre così.

Ci sono molte coppie di gemelli dello stesso sesso che hanno sperimentato una connessione profonda e trasformativa. Queste coppie dimostrano che l'amore tra due persone dello stesso sesso è reale e potente come qualsiasi altro tipo di amore.

È importante sottolineare che l'orientamento sessuale di una persona non determina se può essere una fiamma gemella. La connessione tra le fiamme gemelle è un profondo legame spirituale che va oltre l'attrazione fisica.

Inoltre, le fiamme gemelle possono incarnarsi in diversi ruoli familiari nel corso della loro vita. Ad esempio, possono essere genitori e figli, fratelli o anche amici intimi.

Ciò dimostra che la connessione tra le fiamme gemelle è flessibile e può essere adattata a varie circostanze.

Le fiamme gemelle possono manifestarsi in una varietà di configurazioni. L'importante è riconoscere che l'amore tra due anime gemelle è unico e speciale, indipendentemente dal loro genere o dal loro ruolo in questa vita.

Il grande scopo delle fiamme gemelle

La missione della fiamma gemella trascende l'amore romantico. Sebbene la connessione tra due fiamme gemelle sia intensa e trasformativa, il suo scopo va oltre una semplice relazione.

L'unione di queste anime è un catalizzatore per una profonda crescita spirituale, sia individuale che collettiva. Quando si incontrano, le fiamme gemelle attivano un processo di guarigione ed evoluzione che permette loro di raggiungere il loro pieno potenziale. Insieme, queste anime hanno la capacità di creare un impatto positivo sul mondo, ispirando gli altri e contribuendo all'espansione della coscienza. La loro missione è quella di fungere da fari di luce, guidando l'umanità verso un futuro più luminoso e amorevole.

Come fai a sapere se è reale?

La connessione con la fiamma gemella è un'esperienza unica e intensa che trascende i confini delle relazioni convenzionali. Quando due anime gemelle si incontrano, sperimentano un senso di riconoscimento immediato e una profonda connessione spirituale. Tuttavia, molte persone si chiedono come capire se ciò che stanno provando è in realtà una connessione con una fiamma gemella.

Il rapporto tra le fiamme gemelle è così speciale che spesso sembra qualcosa fuori dall'ordinario. È come se questa connessione risvegliasse qualcosa di profondo e antico dentro di noi, qualcosa che non abbiamo mai sperimentato prima.

A volte, la strada per scoprire il legame con la fiamma gemella può essere lunga e piena di domande. Molte persone passano anni a cercare risposte prima di trovare informazioni su questo fenomeno.

La mancanza di conoscenza delle fiamme gemelle è comune. Spesso le persone scoprono questa connessione casualmente, attraverso una ricerca su Internet o leggendo un articolo che risuona con la loro esperienza.

Quando le persone si identificano con ciò che hanno letto sulle fiamme gemelle, sentono una profonda risonanza. È come se avessero finalmente trovato le parole per descrivere ciò che provano da così tanto tempo.

Connettersi con una fiamma gemella spesso suscita una serie di emozioni intense, tra cui un senso di familiarità istantanea, attrazione magnetica e una profonda connessione spirituale.

Oltre alle emozioni, le persone che sperimentano una connessione con la fiamma gemella spesso notano sincronicità nella loro vita. Coincidenze e segnali che sembrano confermare che sono sulla strada giusta.

Sebbene non ci siano prove definitive sul fatto che si tratti di una connessione a doppia fiamma, ci sono alcuni segnali che potrebbero indicare che sei sulla strada giusta.

Affinché il ricongiungimento con la nostra anima gemella sia possibile, è necessario un perfetto allineamento di diversi fattori:

Incarnazione simultanea: sia noi che la nostra anima gemella dobbiamo incarnarci sulla Terra allo stesso tempo.

Piano Divino: L'incontro deve far parte del piano divino per le nostre anime. Cioè, deve essere scritto nel nostro destino spirituale.

Chiamata dell'anima: Ad un certo punto della nostra vita, dobbiamo sentire la chiamata da dentro di noi e seguire il percorso che ci porterà alla nostra anima gemella.

È importante ricordare che la ricerca della nostra anima gemella non deve diventare un'ossessione. Dobbiamo goderci il viaggio e confidare che l'universo ci guiderà al momento giusto.

Il filo invisibile che unisce le anime gemelle

La connessione tra due anime gemelle è un legame invisibile, spesso descritto come un luminoso cordone d'oro che lega insieme le anime gemelle dal momento della loro creazione.

Questo cordone energetico si estende tra il plesso solare e il cuore di ogni individuo e la sua intensità può variare a seconda della forza della connessione e del progresso nella relazione. Nonostante le esperienze karmiche e le ferite del passato, questo legame rimane invariato.

Il cordone d'oro è una rappresentazione simbolica dell'unione tra anime gemelle. È un costante promemoria del fatto che, indipendentemente dalle circostanze, queste due anime sono destinate a incontrarsi.

Molte persone hanno cercato di spezzare questo legame energetico, ma è un'impresa impossibile. Il cordone d'oro è parte integrante della nostra essenza e negarne l'esistenza è come negare una parte di noi stessi.

Anche durante l'infanzia, i bambini sono consapevoli di questo profondo legame con la loro anima gemella. Tuttavia, con l'avanzare dell'età, tendiamo a dimenticare questa connessione e a cercarla in altre persone.

Nel corso della nostra vita, possiamo sperimentare relazioni con persone che condividono determinate caratteristiche con la nostra anima gemella. Queste relazioni possono servire come preparazione per l'incontro finale.

Quando le anime gemelle si riuniscono, il cordone d'oro viene rafforzato e rivitalizzato. La connessione diventa più intensa e profonda e le anime gemelle sperimentano un senso di completezza e unità.

Il cordone d'oro è un potente simbolo del legame tra le anime gemelle. Questo legame eterno ci ricorda che siamo sempre connessi alla nostra metà, indipendentemente dal tempo o dalla distanza.

Seminare l'amore: la famiglia delle fiamme gemelle

Avere figli è un'esperienza trasformativa per ogni coppia, ma per le fiamme gemelle può assumere un significato ancora più profondo. La decisione di mettere al mondo un figlio può far parte della missione comune di una coppia di fiamme gemelle, anche se non è un must per tutte le coppie.

La genitorialità consapevole offre ai bambini un ambiente sicuro e amorevole in cui possono crescere e svilupparsi in modo sano. Rispettando l'individualità di ogni bambino e incoraggiando la sua autonomia, i genitori promuovono l'autostima e la fiducia in sé stessi. Inoltre, stabilendo un legame profondo e significativo con i propri figli, i genitori creano un legame duraturo a beneficio di tutta la famiglia.

Educare i bambini implica molto di più che insegnare loro a leggere e scrivere. È essenziale sviluppare la loro intelligenza emotiva aiutandoli a comprendere e gestire le loro emozioni. La genitorialità basata sull'amore e sull'empatia promuove bambini più resilienti che sono in grado di stabilire relazioni sane. Insegnando ai bambini ad essere gentili e rispettosi, stiamo contribuendo a creare una società più compassionevole.

La genitorialità è un percorso di apprendimento sia per i genitori che per i figli. Crescendo i nostri figli con consapevolezza, stiamo esplorando nuovi modi di relazionarci con loro e con noi stessi. Questo processo ci invita a crescere come persone e a scoprire le nostre potenzialità. La genitorialità consapevole è un investimento per il futuro, sia per i nostri figli che per noi stessi.

Promuovendo l'autonomia, la creatività e l'empatia nei nostri figli, stiamo preparando la prossima generazione ad affrontare le sfide del futuro. Inoltre, stabilendo un legame profondo e significativo con i nostri figli, creiamo ricordi duraturi e rafforziamo i legami familiari.

Il legame unico delle anime gemelle

Il legame spirituale è una caratteristica distintiva delle anime gemelle. Anche se non sempre si manifesta fisicamente, c'è una profonda connessione energetica che li lega insieme. Questa connessione è percepita come una somiglianza nelle loro aure, una risonanza che va oltre le apparenze fisiche.

Le anime gemelle condividono comportamenti, aspirazioni ed esperienze di vita sorprendentemente simili. Questo senso di connessione è così forte che viene spesso paragonato a quello vissuto dai fratelli gemelli.

I fratelli gemelli condividono una connessione telepatica e un'empatia innata che permette loro di capirsi senza bisogno di parole. Le anime gemelle sperimentano qualcosa di simile, con una capacità quasi soprannaturale di comunicare e sentire ciò che l'altro sta provando.

Questa connessione può manifestarsi in diversi modi. Ad esempio, le anime gemelle spesso finiscono le frasi l'una dell'altra, fanno sogni simili o sentono una profonda intuizione sui pensieri e le emozioni del partner.

A differenza dei fratelli gemelli, che condividono lo stesso DNA e nascono nello stesso momento, le anime gemelle possono avere età e background diversi. Ciò che li unisce è una profonda connessione spirituale che trascende il tempo e lo spazio.

La connessione tra le anime gemelle è così intensa che spesso viene percepita come un'unità. Anche quando sono fisicamente separate, le anime gemelle sentono una presenza costante l'una dell'altra.

Questa connessione unica è stata confermata da numerose esperienze personali e testimonianze di persone che hanno trovato la loro anima gemella. Attraverso l'intuizione, la chiaroveggenza e altre abilità psichiche, è possibile percepire la presenza dell'altra metà di un'anima gemella.

Oltre il corpo: il viaggio astrale delle anime gemelle

Un fenomeno comune tra le anime gemelle è la trascendenza su altri piani, un'esperienza in cui le anime sono su un piano astrale, al di fuori dei corpi fisici. Questo incontro può verificarsi sia durante il sonno che in stati di profondo rilassamento.

Durante il sonno, le anime gemelle spesso sperimentano sogni vividi e condivisi, in cui si trovano in luoghi e situazioni simili. Questi sogni sono spesso così reali che quando si svegliano, le persone si sentono come se avessero avuto un'esperienza autentica.

Anche quando le anime gemelle sono fisicamente separate, le loro anime possono incontrarsi sul piano astrale. Queste esperienze possono includere incontri intimi e profondi, così come momenti di apprendimento e crescita spirituale.

È anche possibile passare a un altro piano durante il giorno. Nei momenti di profondo rilassamento o meditazione, le anime gemelle possono sperimentare un senso di distacco dal corpo fisico, permettendo alle loro anime di incontrarsi e connettersi su altri piani di esistenza.

Queste esperienze sono molto più che semplici sogni o fantasie. Questi sono momenti in cui le anime gemelle possono connettersi a un livello più profondo, oltre i limiti del mondo fisico.

Attraverso esperienze extracorporee, note anche come viaggi astrali o proiezioni astrali, le anime gemelle possono guarire le ferite del passato, rafforzare i loro legami ed evolversi spiritualmente insieme. Queste esperienze sono spesso descritte come profondamente trasformative e piene di significato.

È importante sottolineare che queste esperienze non si limitano al sonno. Possono verificarsi anche in stati alterati di coscienza, come durante la meditazione o le pratiche spirituali. In questi stati, le anime gemelle possono connettersi in dimensioni superiori, condividendo esperienze uniche che rafforzano la loro unione.

La frequenza e l'intensità di questi incontri varia da una coppia all'altra. Tuttavia, tutte le anime gemelle possiedono la capacità di sperimentare questa profonda connessione ad un certo punto del loro legame. Queste esperienze sono una testimonianza della connessione unica e trascendentale che lega insieme le anime gemelle, una connessione che trascende il tempo e lo spazio.

Circa l'autore

Alina Rubí è una rinomata astrologa, scrittrice e insegnante spirituale con una vasta carriera nel campo del benessere e dello sviluppo personale.

La sua profonda conoscenza in astrologia, psicologia, ipnosi, Reiki e guarigione energetica gli permette di offrire una visione olistica e personalizzata ai suoi clienti.

Con una padronanza dell'interpretazione delle star e una passione per la crescita spirituale, Alina ha dedicato la sua vita a condividere le sue conoscenze e ad aiutare gli altri a trovare la loro strada. Il suo lavoro è caratterizzato da una vasta gamma di attività, dalla pubblicazione di libri e articoli all'insegnamento di corsi e laboratori.

Autrice di numerosi libri sull'astrologia, l'esoterismo e lo sviluppo personale, le sue opere sono state tradotte in diverse lingue e sono ampiamente riconosciute in campo spirituale.

Inoltre, scrive regolarmente rubriche di astrologia per importanti media e ha un programma televisivo e radiofonico di successo. Alina Rubí crede nella connessione tra corpo, mente e spirito. Il suo approccio integra l'astrologia con altre discipline, come la psicologia, la guarigione energetica e la terapia delle gemme, fornendo ai suoi clienti strumenti pratici per raggiungere il benessere olistico.

Tra le sue specialità ci sono l'astrologia personalizzata, la guarigione energetica, i tarocchi, la terapia delle gemme e lo sviluppo personale.

Offre letture astrologiche personalizzate e sessioni di guarigione, combinando la sua conoscenza delle stelle con varie tecniche energetiche.

Alina Rubí è la tua guida nel percorso verso la conoscenza di sé e il benessere spirituale.

Per saperne di più su Alina Rubí e i suoi servizi, visita il suo sito web www.esoterismomagia.com e il canale YouTube.

www.ingramcontent.com/pod-product-compliance
Ingram Content Group UK Ltd.
Pitfield, Milton Keynes, MK11 3LW, UK
UKHW040746060225
454761UK00001B/110